QUESTO LIBRO È DI

"I BAMBINI NON SONO VASI DA
RIEMPIRE
MA CANDELE DA ACCENDERE"

CON I MIEI LIBRI CERCO DI INSEGNARE SEMPRE QUALCOSA INSERENDO IL DIVERTIMENTO COME INGREDIENTE SEGRETO. LA MIA CARRIERA DA INSEGNANTE MI HA DATO TANTO E MI STA DANDO TANTO: QUESTO È' IL MIO MODO PER RESTITUIRE AL MONDO QUELLO CHE HO IMPARATO.

MAESTRA STEFANIA

UNITÀ, DECINE E CENTINAIA

Inserisci i numeri scritti in lettere sull'abaco

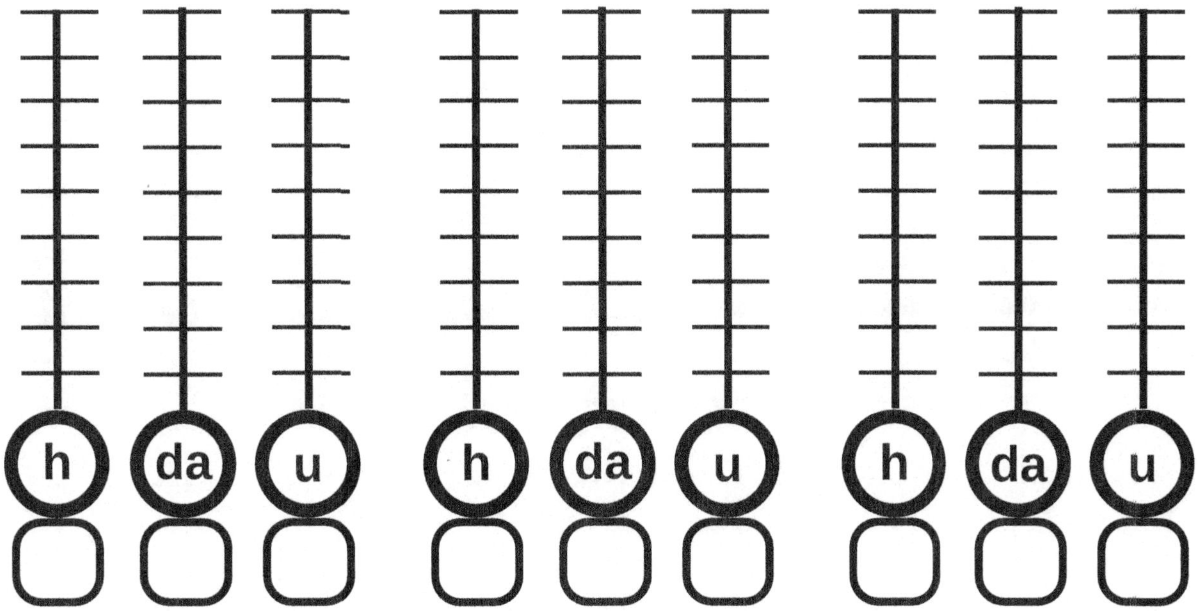

CENTOSETTANTUNO CENTOVENTITRE CENTOTTANTATRE

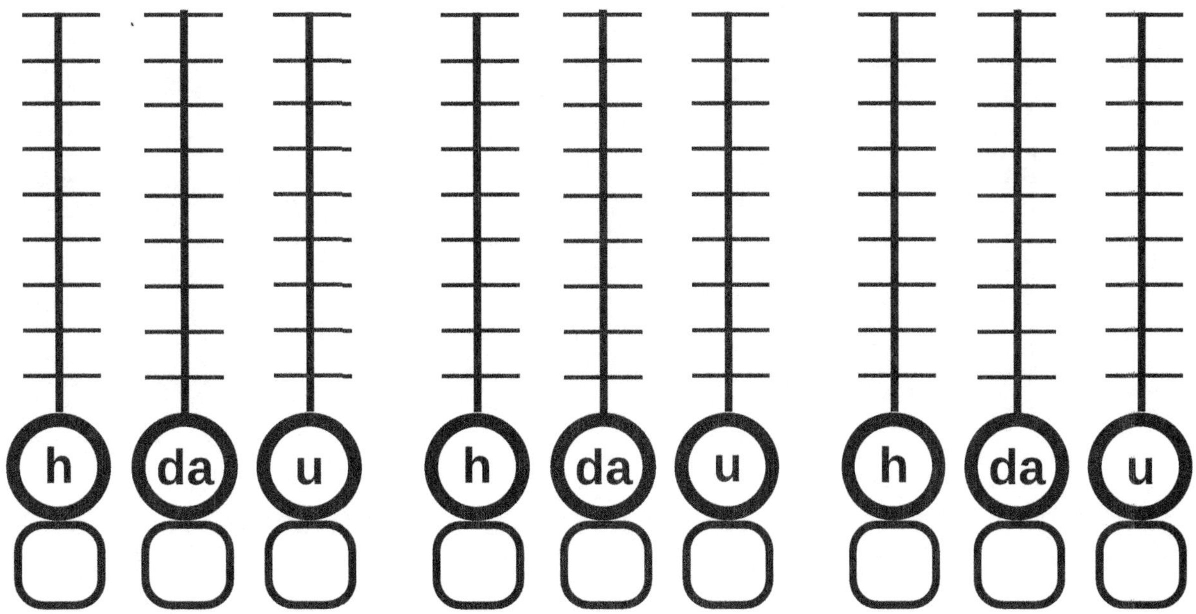

CENTOQUARANTACINQUE CENTONOVANTADUE CENTOSESSANTASEI

UNITÀ, DECINE E CENTINAIA

Adesso fai il contrario dell'esercizio precedente
scrivi il numero rappresentato sull'abaco

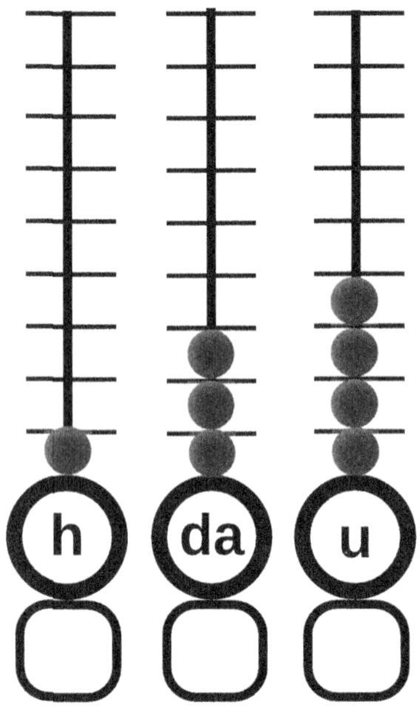

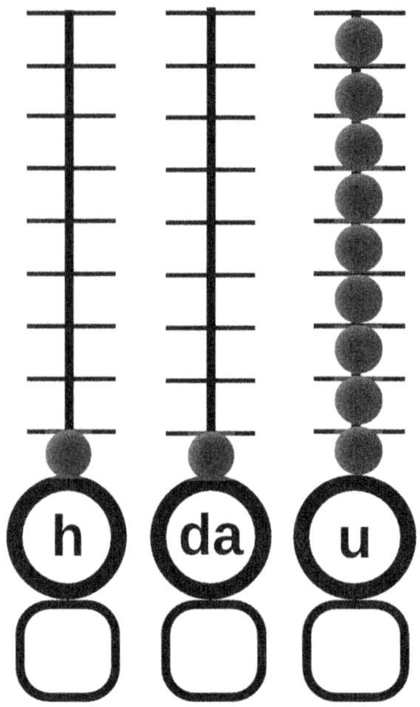

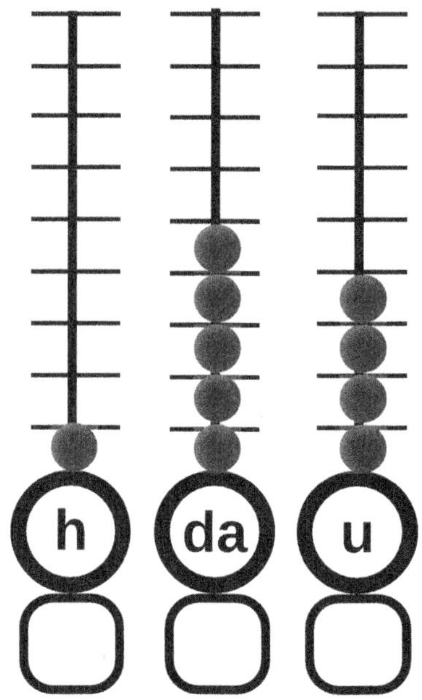

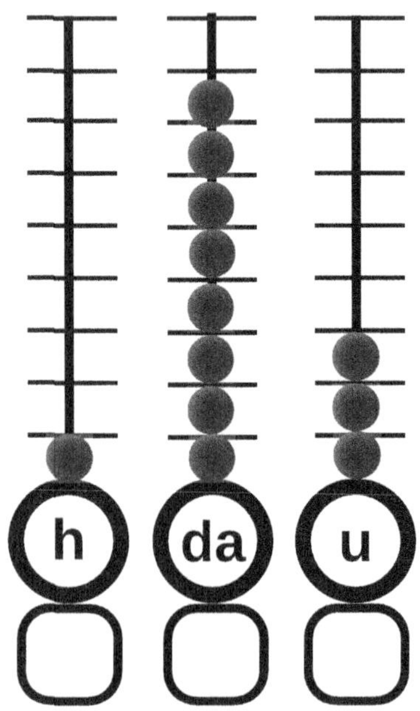

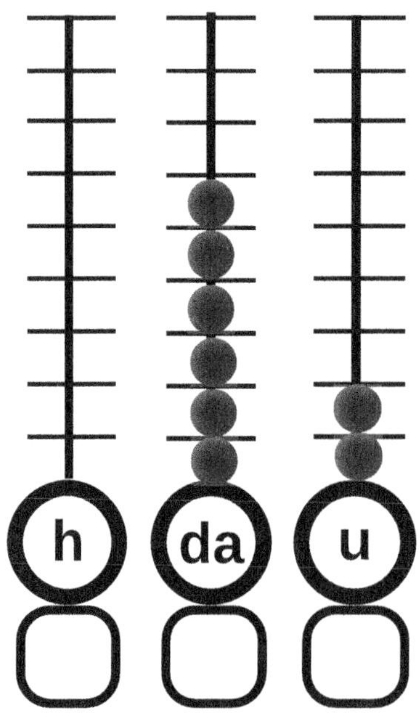

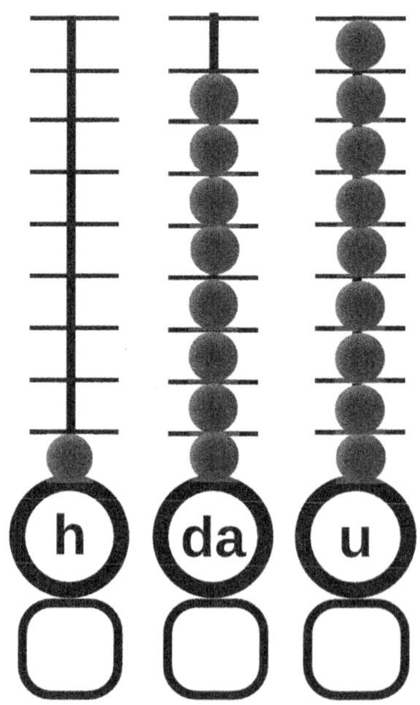

UNITÀ, DECINE E CENTINAIA

Oltre i 100 sull'abaco.
Conta le palline e scrivi il numero corretto

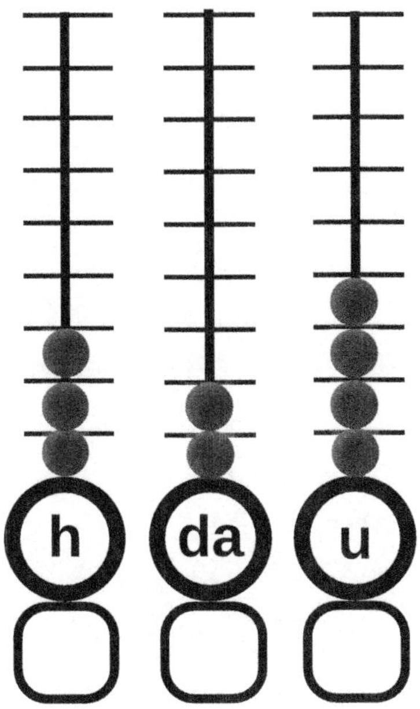

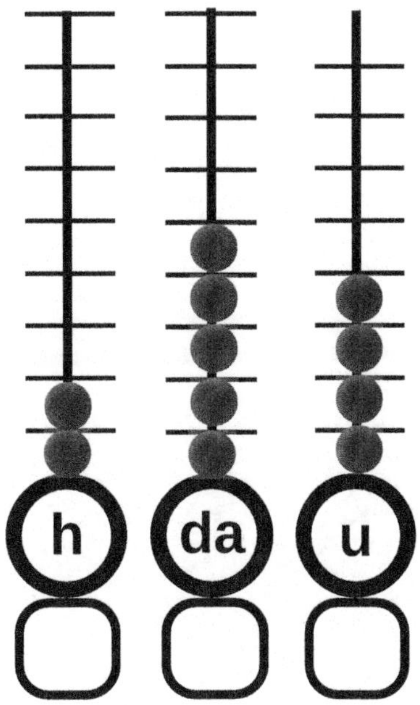

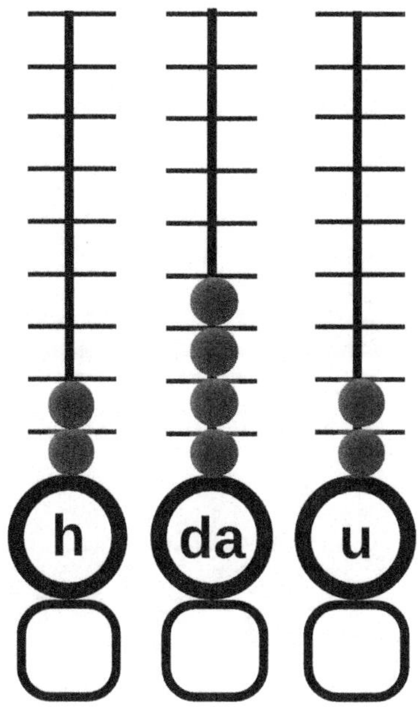

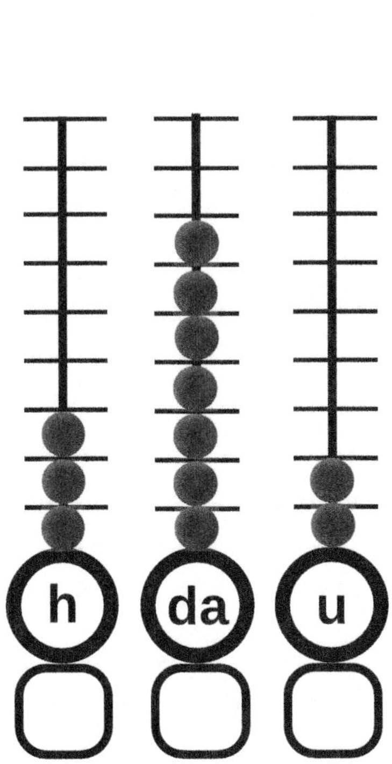

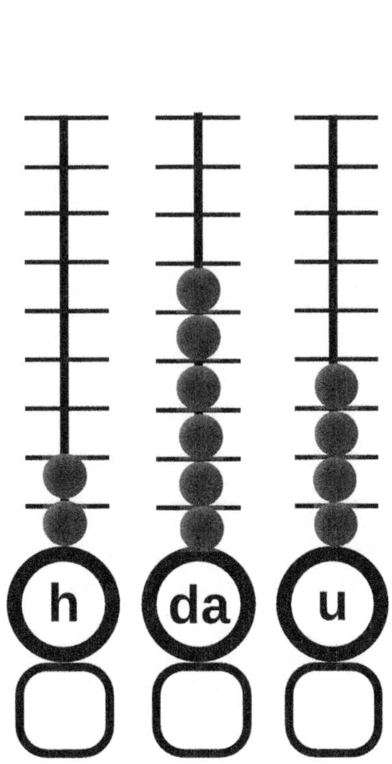

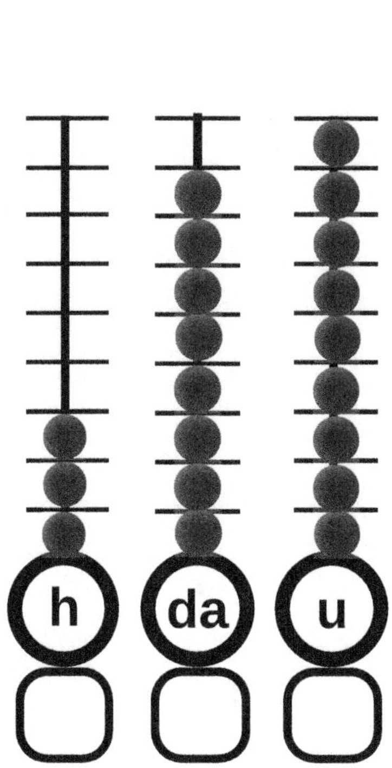

UNITÀ, DECINE E CENTINAIA

Oltre i 100 sull'abaco.

Inserisci i numeri scritti in lettere sull'abaco

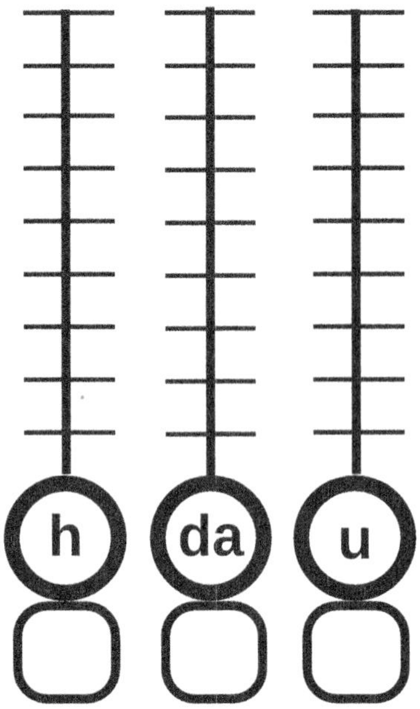

DUECENTOVENTITRE

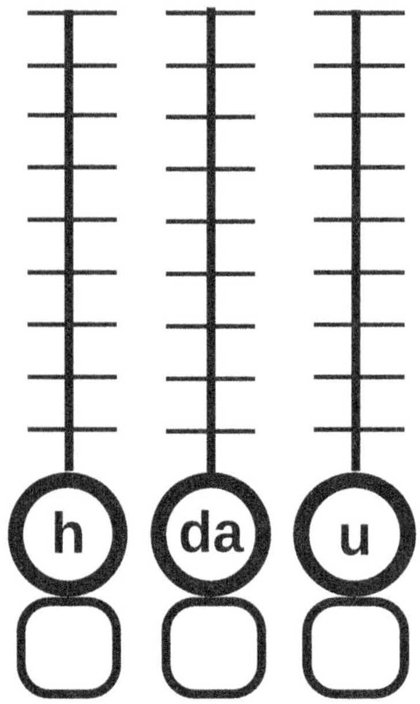

TRECENTOSESSANTA

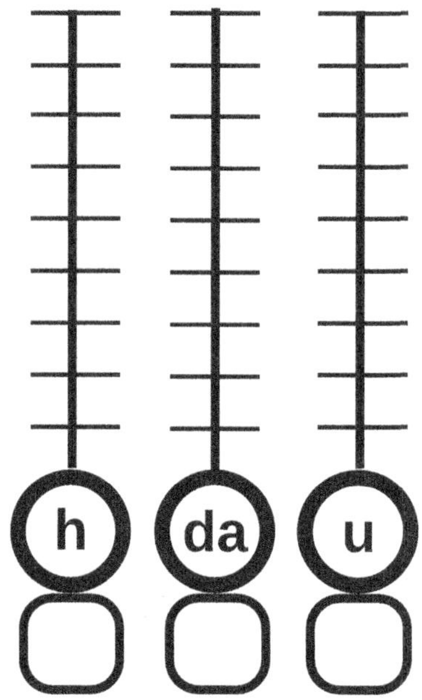

DUECENTOSETTANTASEI

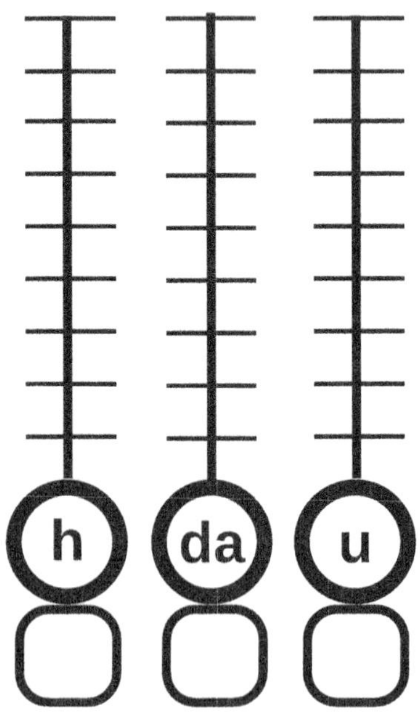

TRECENTOTTANTUNO

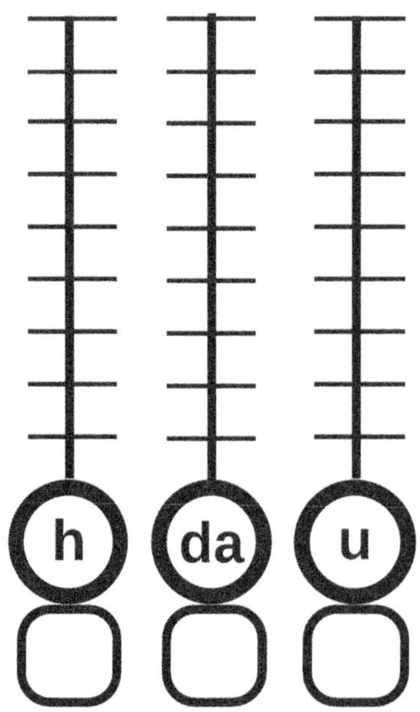

DUECENTONOVANTANOVE

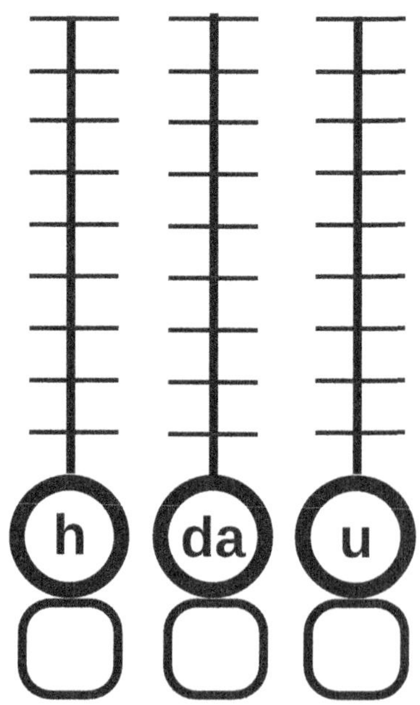

TRECENTOUNDICI

LA TAVOLA PITAGORICA

Inserisci i numeri mancanti nelle posizioni corrette

	1	2	3	4	5	6	7	8	9	10
1	1		3	4	5	6			9	
2	2	4		8	10		14	16		20
3		6	9		15	18		24		
4	4	8		16	20		28			40
5			15			30	35		45	50
6	6	12	18			36		48		
7	7		21	28	35		49	56		
8					40		56		72	80
9		18	27		45	54		72		90
10		20		40		60	70		90	

TI RICORDI I SIMBOLI >, <, e =

Inserisci il numero corretto dopo aver confrontato le coppie di numeri

	25	77	89	57	66
77		=			
59					
76					
89					

	90	59	88	49	36
84					
59					
36					
55					

COLORA LE CASELLE ASSEGNANDO UN COLORE DIVERSO PER OGNI ADDENDO, DI CONSEGUENZA CONTA LE CASELLE RIMANENTI CHE FORMERANNO L'ADDENDO MANCANTE.

(OGNI NUMERO DA SOMMARE IN UNA ADDIZIONE SI CHIAMA ADDENDO)

67 + 3 + ... = 100

51 + 8 + ... = 100

11 + 27 + ... = 100

31+ 23 + ... = 100

CON L'AIUTO DELLA TABELLA IN BASSO SCOPRI IL NUMERO MANCANTE CHE SOMMATO AGLI ALTRI FA LA SOMMA DI 100

CRUCIVERBA
MATEMATICO

Leggi le definizioni e completa lo schema

ORIZZONTALE

3. 3 h 1 da 2 u
4. 1 h 6 da 0 u
5. 2 h 3 da 0 u
6. 2 h 2 da 0 u

ORIZZONTALE

1. 3 h 0 da 5 u
2. 1 h 2 da 1 u

VIVA la MATEMATICA

Scopri la regola e scrivi i numeri mancanti

900			600	500				100	0					
	550	560		580				620	630					
700				696	695	694				690				
	200		400		600									

Scrivi il numero in cifre e collegalo alle sue scomposizioni usando colori diversi.

....	56	3 da + 7 u	60 + 8
....	72	8 da + 6 u	50 + 6
....	37	9 da + 9 u	40 + 3
....	99	5 da + 6 u	80 + 6
....	43	6 da + 8 u	70 + 2
....	86	4 da + 3 u	90 + 9
....	68	7 da + 2 u	30 + 7

GIOCHIAMO

COLLEGA I PUNTINI SEGUENDO L'ORDINE NUMERICO,

POI COLORA IL DISEGNO

CRESCENTE E DECRESCENTE

RISCRIVI I NUMERI IN ORDINE **CRESCENTE,**
DAL PIÙ PICCOLO AL PIÙ GRANDE

88 - 181 - 311 -201 - 98 - 261

RISCRIVI I NUMERI IN ORDINE **DECRESCENTE**
DAL PIÙ GRANDE AL PIÙ PICCOLO

125 - 247 - 212 - 133 - 220 - 123

LE ADDIZIONI CON I CAMBI

Risolvi le addizioni con due cambi

h	da	u	
1	8	9	+
2	3	6	=

h	da	u	
4	2	2	+
1	9	9	=

h	da	u	
3	6	4	+
2	7	5	=

h	da	u	
4	1	5	+
3	9	6	=

h	da	u	
3	8	8	+
	3	7	=

h	da	u	
2	6	8	+
3	7	3	=

h	da	u	
2	5	5	+
3	7	8	=

h	da	u	
	5	5	+
3	7	8	=

h	da	u	
3	7	9	+
	4	9	=

h	da	u	
2	7	7	+
2	7	7	=

h	da	u	
3	3	2	+
2	8	8	=

h	da	u	
3	8	7	+
2	9	6	=

h	da	u	
1	8	8	+
	9	9	=

h	da	u	
2	2	9	+
	9	2	=

h	da	u	
3	4	5	+
2	7	6	=

h	da	u	
3	5	5	+
2	5	5	=

h	da	u	
	5	5	+
2	6	6	=

h	da	u	
2	5	6	+
	7	7	=

LA PROPRIETÀ ASSOCIATIVA

Esegui le addizioni applicando la regola.

Prima somma gli addendi sottolineati,

come l'esempio

57 + 44 + 3 = 57 + 47 = 104

99 + 77 + 88 =...

211+ 31 + 44 =...

117 + 55 + 65 =...

128 + 112 + 48 =..

240 + 182 + 138 =...

330 + 501 + 100 + 50 =..

363 + 131 + 101 + 55 =..

LE ADDIZIONI CON 2 CAMBI

h	da	u	
1	8	8	+
3	3	5	=

h	da	u	
3	2	5	+
1	6	5	=

h	da	u	
1	9	5	+
2	7	7	=

h	da	u	
1	4	5	+
3	9	6	=

h	da	u	
5	6	6	+
	6	6	=

h	da	u	
2	4	7	+
2	6	3	=

h	da	u	
1	8	5	+
3	8	6	=

h	da	u	
	6	5	+
3	7	7	=

h	da	u	
4	3	5	+
	7	8	=

h	da	u	
2	1	2	+
3	8	9	=

h	da	u	
1	6	5	+
1	6	5	=

h	da	u	
2	9	5	+
5	3	6	=

h	da	u	
5	4	9	+
3	7	2	=

h	da	u	
1	4	4	+
	8	8	=

h	da	u	
2	8	7	+
2	6	9	=

h	da	u	
5	9	5	+
3	4	6	=

h	da	u	
	8	5	+
3	7	9	=

h	da	u	
4	9	4	+
	7	8	=

h	da	u	
8	8	8	+
	7	7	=

h	da	u	
7	4	5	+
	9	6	=

h	da	u	
	8	5	+
3	4	7	=

h	da	u	
5	4	9	+
3	7	2	=

h	da	u	
1	4	4	+
	8	8	=

h	da	u	
	9	7	+
2	0	9	=

h	da	u	
	9	5	+
	7	7	=

h	da	u	
	7	6	+
7	6	8	=

h	da	u	
4	1	4	+
2	8	9	=

LE SOTTRAZIONI
CON E SENZA IL CAMBIO

h	da	u	
6	7	8	-
3	3	5	=

h	da	u	
5	2	5	-
1	4	5	=

h	da	u	
4	3	5	-
3	7	7	=

h	da	u	
4	4	5	-
3	9	6	=

h	da	u	
8	5	6	-
	6	6	=

h	da	u	
1	1	1	-
	6	3	=

h	da	u	
5	4	4	-
3	8	6	=

h	da	u	
3	7	8	-
	7	9	=

h	da	u	
3	5	5	-
	7	8	=

h	da	u	
3	3	3	-
2	4	5	=

h	da	u	
3	2	5	-
1	4	5	=

h	da	u	
7	7	5	-
6	7	7	=

h	da	u	
5	2	5	-
3	9	6	=

h	da	u	
6	5	6	-
	3	6	=

h	da	u	
2	4	2	-
	6	3	=

h	da	u	
6	9	4	-
3	9	6	=

h	da	u	
5	7	8	-
	8	8	=

h	da	u	
8	4	1	-
3	1	8	=

OPERAZIONI INVERSE

Dopo aver eseguito la sottrazione,
esegui la prova inversa facendo l'addizione

ESEMPIO

u	da	u	
1	4	7	–
	3	4	=
1	1	3	

u	da	u	
1	1	3	+
	3	4	=
1	4	7	

u	da	u	
4	7	8	–
3	6	9	=

u	da	u	
			=

u	da	u	
6	5	3	–
2	5	2	=

u	da	u	
			=

u	da	u	
3	2	7	–
	1	4	=

u	da	u	
6	4	3	+
	7	4	=

u	da	u	
5	5	5	–
3	5	9	=

u	da	u	
			=

u	da	u	
2	5	7	–
2	4	9	=

u	da	u	
			=

TROVA IL NUMERO MANCANTE CHE SOMMATO A QUELLO SCRITTO PRODUCE IL TOTALE AL CENTRO

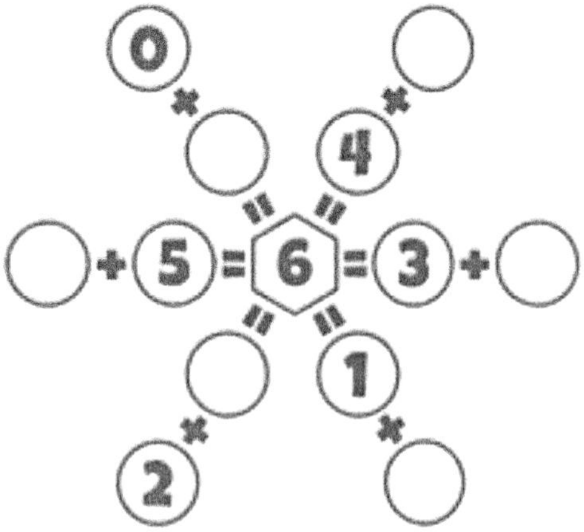

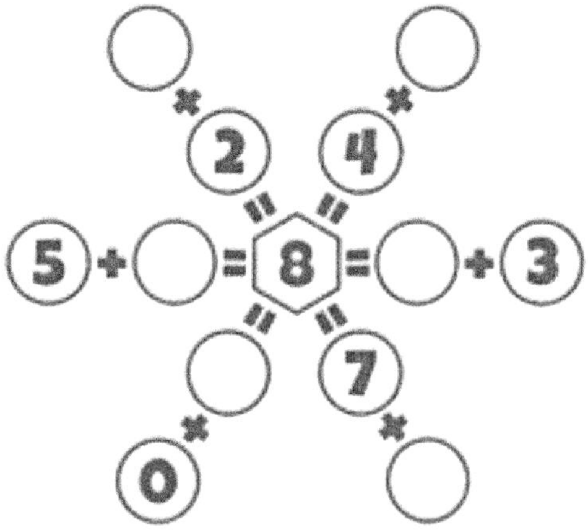

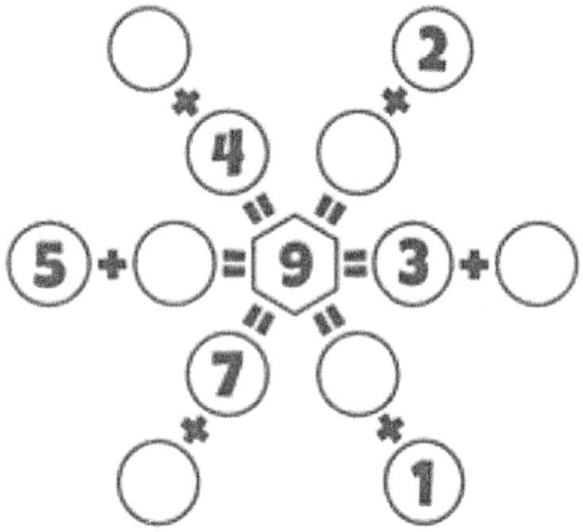

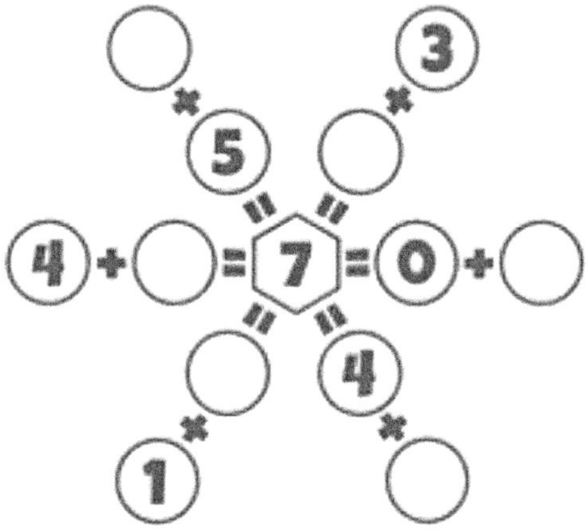

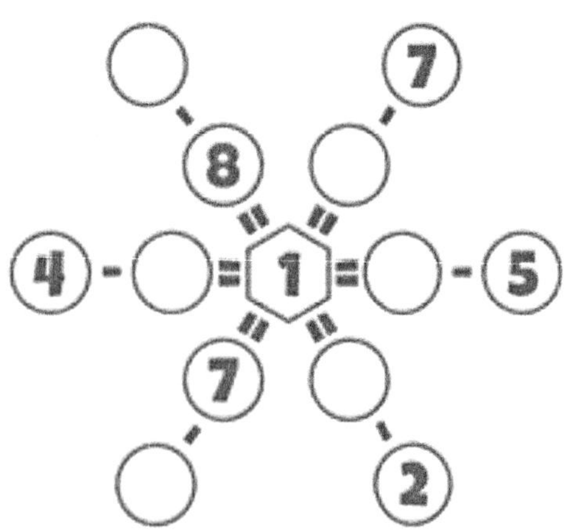

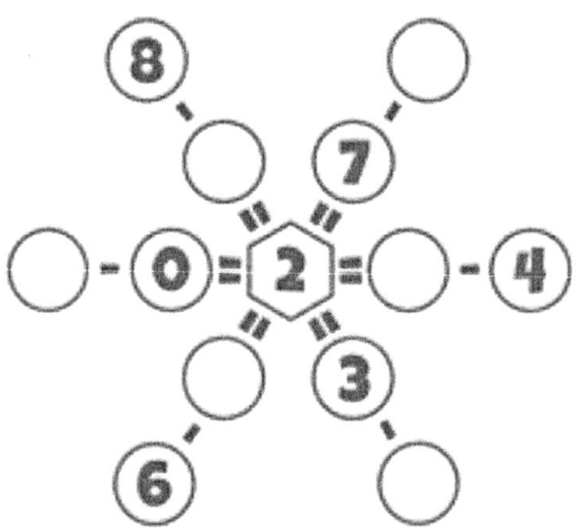

CONTA E COLORA

AD OGNI RISULTATO CORRISPONDE UN COLORE

1 - VIOLA   2- AZZURRO   3 - GIALLO   4 - VERDE

5 - ROSA   6 - MARRONE   7 - ROSSO

IMPARIAMO A LEGGERE L'OROLOGIO

DISEGNA LE LANCETTE ALL'ORARIO CORRETTO

SEGUENDO LA LOGICA ILLUSTRATA PROVA A COMPLETARE LA SCHEDA

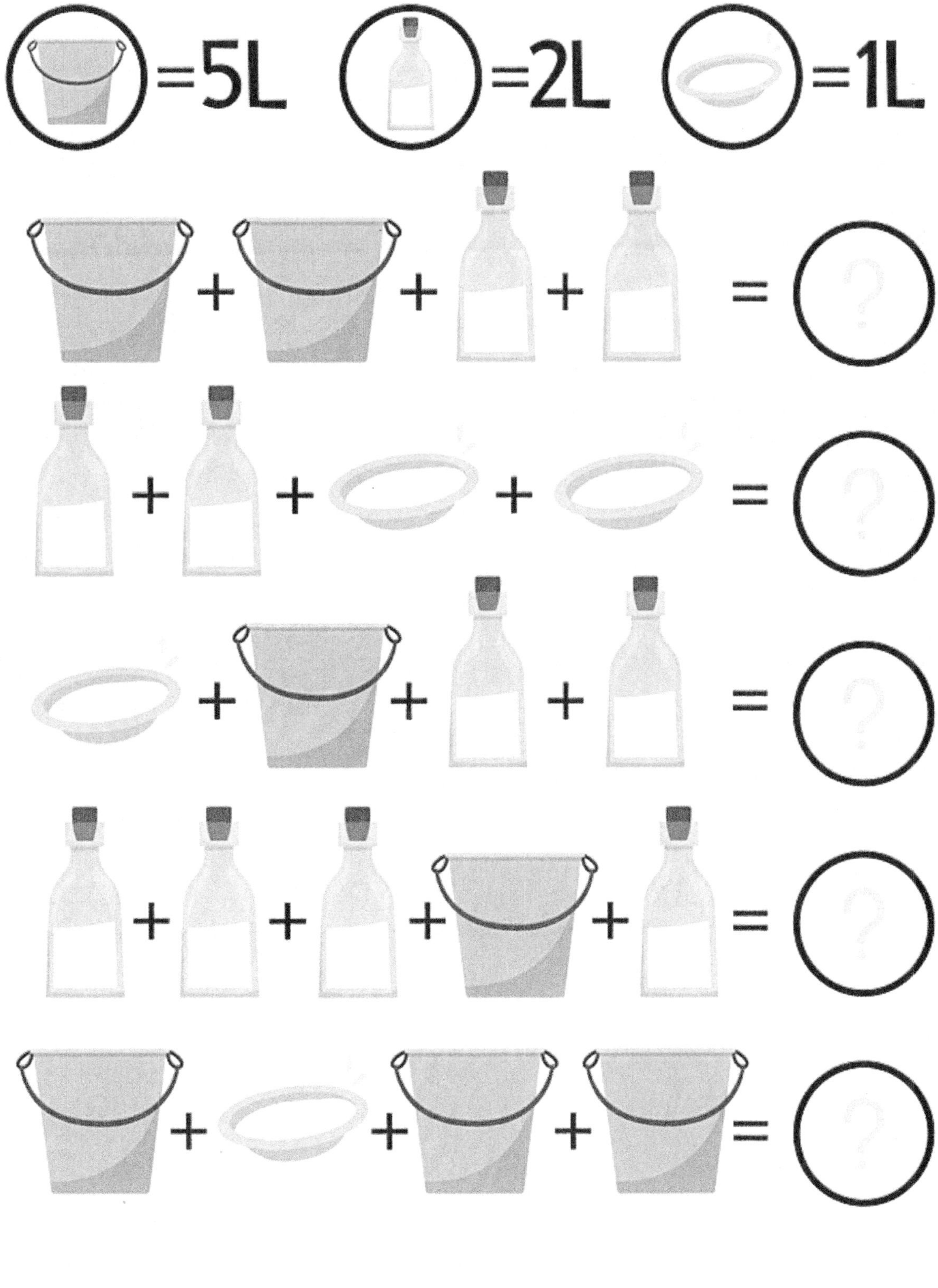

RIPASSIAMO LE TABELLINE

2X1=	3X1=	4X1=	4X1=
2X2=	3X2=	4X2=	4X2=
2X3=	3X3=	4X3=	4X3=
2X4=	3X4=	4X4=	4X4=
2X5=	3X5=	4X5=	4X5=
2X6=	3X6=	4X6=	4X6=
2X7=	3X7=	4X7=	4X7=
2X8=	3X8=	4X8=	4X8=
2X9=	3X9=	4X9=	4X9=
2X10=	3X10=	4X10=	4X10=

RIPASSIAMO LE TABELLINE

5X1=	6X1=	7X1=	8X1=
5X2=	6X2=	7X2=	8X2=
5X3=	6X3=	7X3=	8X3=
5X4=	6X4=	7X4=	8X4=
5X5=	6X5=	7X5=	8X5=
5X6=	6X6=	7X6=	8X6=
5X7=	6X7=	7X7=	8X7=
5X8=	6X8=	7X8=	8X8=
5X9=	6X9=	7X9=	8X9=
5X10=	6X10=	7X10=	8X10=

RIPASSIAMO
LE TABELLINE

9X1=	10X1=
9X2=	10X2=
9X3=	10X3=
9X4=	10X4=
9X5=	10X5=
9X6=	10X6=
9X7=	10X7=
9X8=	10X8=
9X9=	10X9=
9X10=	10X10=

LA MOLTIPLICAZIONE
CON 2 CIFRE AL MOLTIPLICANDO

h	da	u	
	1	3	X
	2	2	=

h	da	u	
	2	3	X
	3	1	=

h	da	u	
	1	9	X
	1	7	=

h	da	u	
	2	3	X
	3	6	=

h	da	u	
	3	3	X
	1	4	=

h	da	u	
	1	5	X
	2	7	=

h	da	u	
	2	4	X
	2	3	=

h	da	u	
	2	7	X
	3	0	=

h	da	u	
	2	9	X
	1	8	=

h	da	u	
	2	7	X
	1	6	=

h	da	u	
	2	3	X
	1	7	=

h	da	u	
	1	8	X
	1	7	=

h	da	u	
	4	3	X
	1	8	=

h	da	u	
	3	1	X
	1	1	=

h	da	u	
	1	5	X
	1	2	=

LA DIVISIONE IN COLONNA

Con 2 cifre al dividendo e senza resto

da	u		
6	6	3	

da	u		
2	8	4	

da	u		
5	0	5	

da	u		
6	0	5	

da	u		
3	2	4	

da	u		
2	4	6	

Con 2 cifre al dividendo il resto e il cambio

da	u		
6	2	4	

da	u		
4	8	6	

da	u		
5	2	5	

da	u		
6	5	9	

da	u		
9	5	5	

da	u		
2	0	8	

Con 3 cifre al dividendo

h	da	u			
4	9	6	4		

h	da	u			
8	4	8	8		

h	da	u			
2	7	2	2		

h	da	u			
7	5	5	5		

h	da	u			
8	8	8	8		

h	da	u			
2	5	9	7		

h	da	u			
3	2	4	8		

h	da	u			
3	3	6	6		

h	da	u			
1	4	5	5		

h	da	u			
2	9	7	9		

h	da	u			
7	8	3	9		

h	da	u			
4	2	6	6		

h	da	u			
2	5	2	4		

VERIFICA DELLE COMPETENZE

Esegui applicando la
proprietà distributiva

36 × 8 = (30 + 6) × 8 = (30 × 8) + (6 × 8) = 240 + 48 = ...

28 × 7 = (....... + ...) × .... = (....... × ....) + (....... × ....) = ... + ... = ...

49 × 5 = (....... + ...) × .... = (....... × ....) + (....... × ....) = ... + ... = ...

73 × 9 = (....... + ...) × .... = (....... × ....) + (....... × ....) = ... + ... = ...

Nel modo che ritieni più utile esegui applicando la
proprietà associativa

5 × 2 × 4 = ... × ..... = ...

4 × 3 × 2 = ... × ..... = ...

7 × 2 × 3 = ... × ..... = ...

2 × 2 × 5 = ... × ..... = ...

Indica con una crocetta le moltiplicazioni con prodotto uguale al numero nel riquadro grigio

32	☐ 8 x 4	☐ 16 x 2	☐ 32 x 1	☐ 1 x 24	☐ 3 x 8	☐ 6 x 6	☐ 4 x 8	☐ 32 x 0
24	☐ 6 x 4	☐ 24 x 1	☐ 1 x 24	☐ 3 x 8	☐ 4 x 6	☐ 8 x 3	☐ 24 x 0	☐ 12 x 2
45	☐ 8 x 4	☐ 9 x 5	☐ 40 x 5	☐ 0 x 45	☐ 1 x 45	☐ 45 x 1	☐ 5 x 9	☐ 45 x 0

Risolvi le operazioni e poi collega con una freccia le **operazioni inverse**

5 × 6 = **30**	35 : 5 = ...
9 × 8 = ...	72 : 8 = ...
8 × 4 = ...	60 : 6 = ...
7 × 5 = ...	32 : 4 = ...
10 × 6 = ...	30 : 6 = **5**

63 : 7 = ...	6 × 8 = ...
48 : 8 = ...	7 × 7 = ...
18 : 3 = ...	9 × 7 = ...
49 : 7 = ...	8 × 5 = ...
40 : 5 = ...	6 × 3 = ...

Rappresta con il disegno e risolvi il problema.

Marco ha 24 francobolli e ne deve mettere 4 su ogni busta.
Quante buste potrò affrancare?

....

....

....

Completa l'operazione scrivendo il numero mancante

4	x		=	16
5	x	4	=	
7	x		=	28
	x	5	=	15
7	x		=	49
	x	5	=	35
9	x	7	=	

8	x		=	24
	x	6	=	54
9	x	9	=	
	x	8	=	32
6	x	6	=	
7	x		=	70
	x	3	=	27

Calcola il quoto (quoziente esatto, senza il resto)

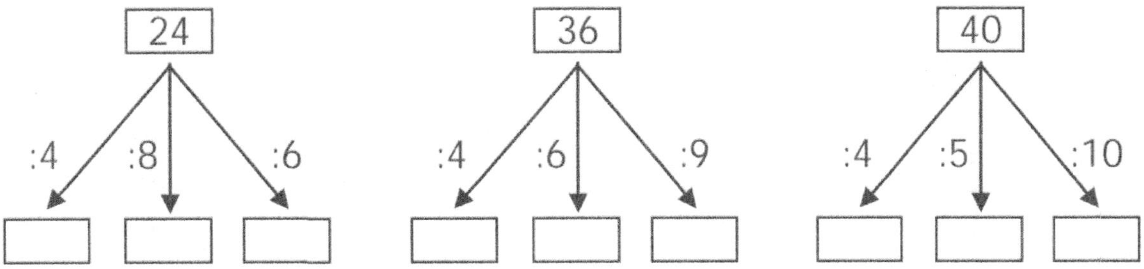

LE MIGLIAIA

Se le aggiungiamo all'abaco dopo il 999?

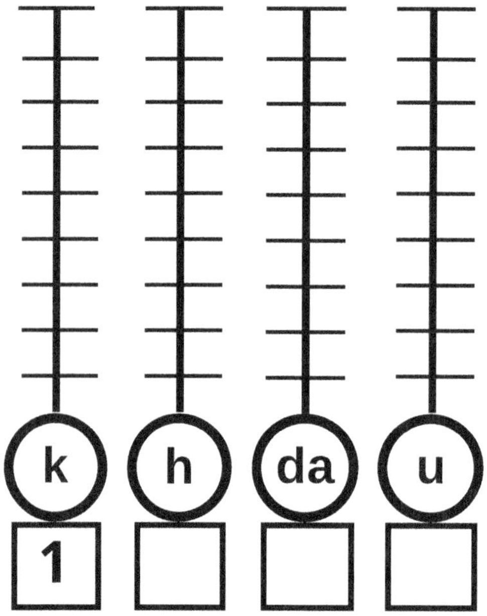

1000

Rappresenta i numeri sull'abaco

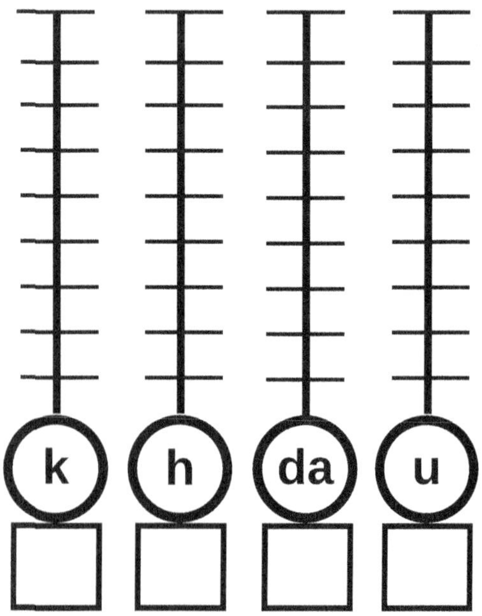

1469

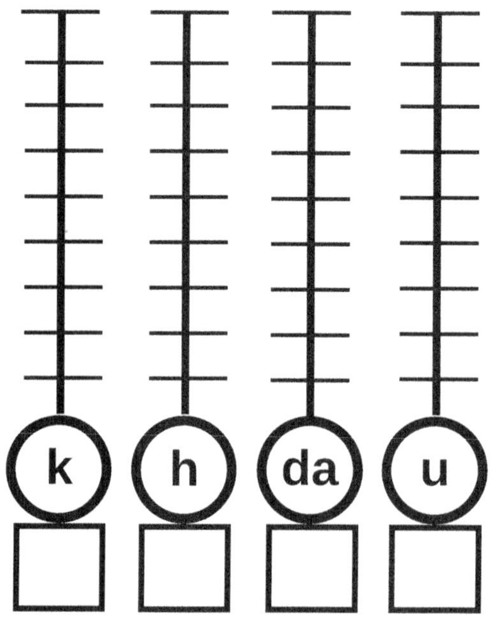

2377

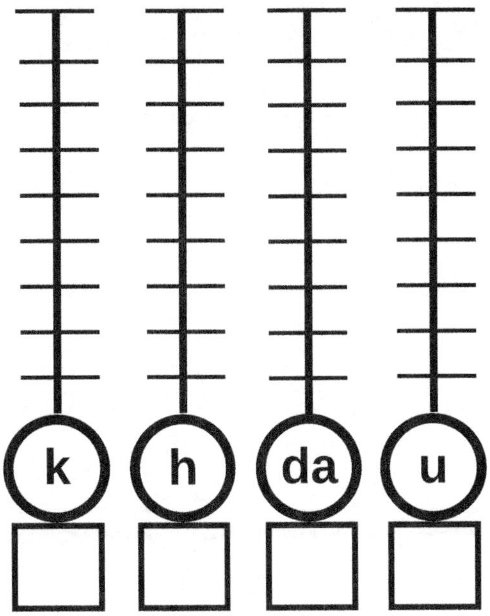

3267

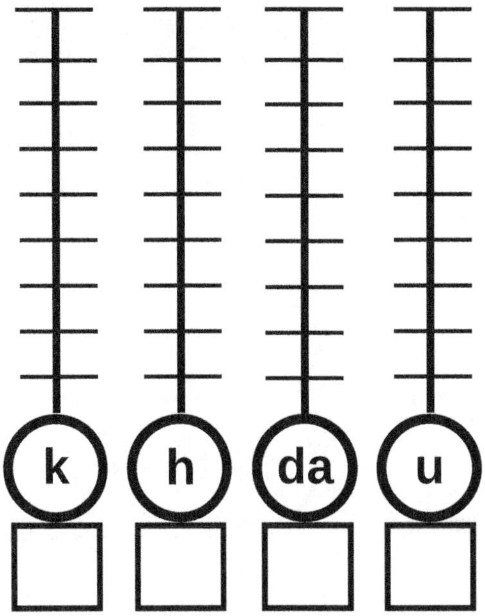

1941

Scrivi il numero che manca per formare **1000**

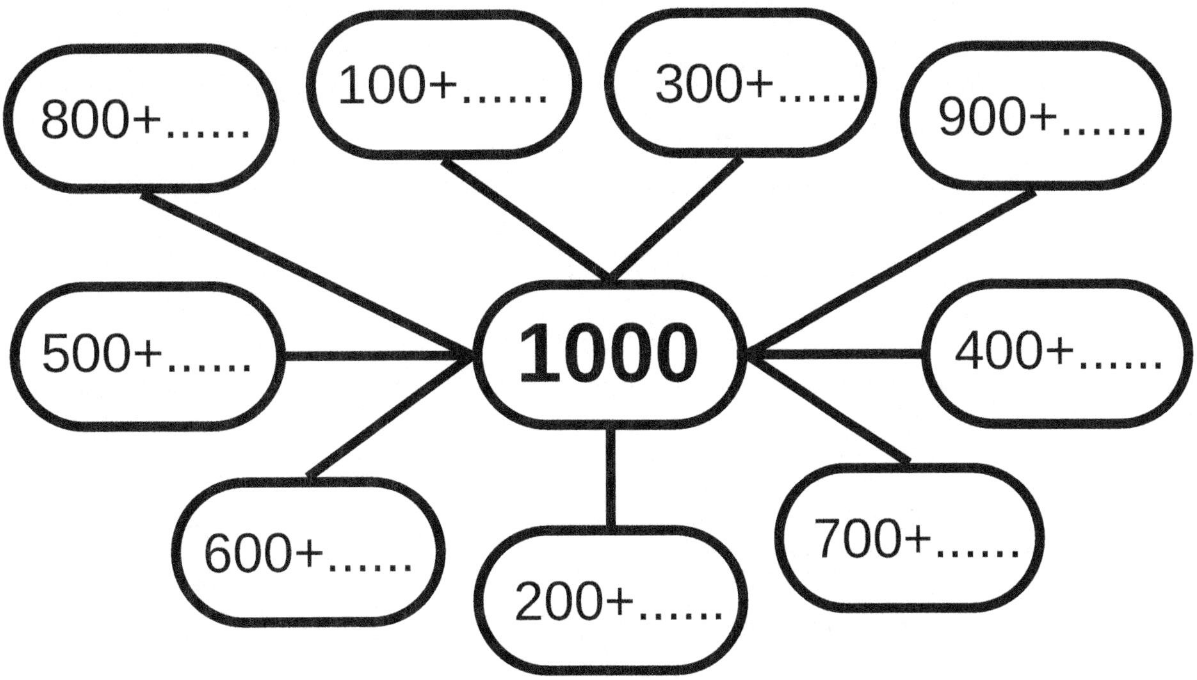

L'ORDINE MATEMATICO

Scrivi il **precedente e il successivo**
di ogni numero

	3521			7623	
	2216			1326	
	3621			3788	

Trova tutti i numeri **minori**
di quello dato e cerchiali di rosso

5113 — 4989 - 5124 - 5126 - 5082 - 5117
5114 - 5117 - 5103 - 5099 - 5110

2531 — 2331 - 2440 - 4532 - 2500 - 2541
2454 - 2315 - 1959 - 1824 - 2726

Trova tutti i numeri **maggiori**
di quello dato e cerchiali di rosso

4989 - 5124 - 5126 - 5082 - 5117
5114 - 5117 - 5103 - 5099 - 5110 — 5113

2331 - 2440 - 4532 - 2500 - 2541
2454 - 2315 - 1959 - 1824 - 2726 — 2531

PARI E DISPARI

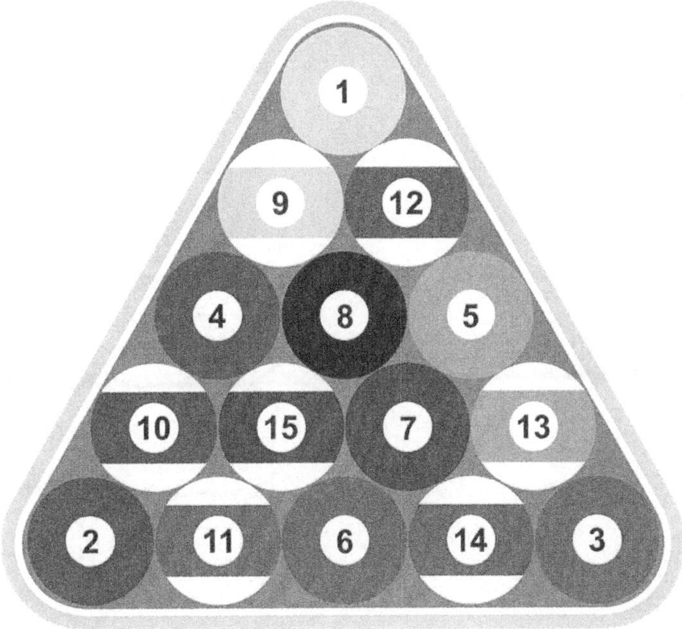

Dividi e disegna le palline PARI da quelle DISPARI

RICORDI I SIMBOLI >, <, e =

Inserisci i simboli corretti

2349		2347
6754		6754
3212		3212
5678		4536
9832		9823
5755		6544
3463		5435
6565		5656
7657		7668
4983		2424
4343		4443
1999		2000
2345		2123
4389		4391

OPERAZIONI OLTRE I 1000

k	u	da	u	
2	4	2	7	–
2	3	1	8	=

k	u	da	u	
1	6	6	3	+
2	4	4	2	=

k	u	da	u	
5	6	3	1	–
2	1	1	4	=

k	u	da	u	
2	7	2	5	+
3	4	5	8	=

k	u	da	u	
4	1	5	9	–
3	0	8	7	=

k	u	da	u	
3	4	1	7	+
2	7	5	5	=

k	u	da	u	
2	4	1	7	–
1	9	1	1	=

k	u	da	u	
1	8	9	7	+
1	7	4	5	=

k	u	da	u	
2	3	1	1	+
2	1	9	9	=

k	u	da	u	
2	6	0	0	–
2	1	5	7	=

k	u	da	u	
3	0	0	3	+
1	1	1	1	=

k	u	da	u	
3	6	5	3	+
4	4	4	2	=

k	u	da	u	
4	4	1	9	–
2	3	1	5	=

k	u	da	u	
	6	6	3	+
4	1	1	5	=

k	u	da	u	
1	6	5	3	+
5	4	5	2	=

k	u	da	u	
3	4	3	7	–
2	6	1	8	=

k	u	da	u	
7	6	6	3	+
	4	0	2	=

k	u	da	u	
	6	9	9	+
2	8	9	2	=

MOLTIPLICAZIONI

X10 **X100** **X1000**

k	u	da	u	
			3	
		3	**0**	x10
	3	**0**	**0**	x100
3	**0**	**0**	**0**	x1000

Inserisci i numeri corretti al posto dei puntini

.... × 100 = 1 300

15 × .... = 150

.... × 10 = 30

2 × .... = 2 000

1 × 10 = ...

6 × 1 000 = ...

63 × .... = 630

.... × 100 = 2 600

.... × 100 = 400

.... × 10 = 1 000

L'UNITÀ DI MISURA

DI COSA PARLIAMO?

Quando vogliamo misurare una **grandezza**, una **lunghezza,** la **capacità** di un contenitore o il suo **peso**, dobbiamo utilizzare delle **unità di misura** uguali per tutti, cioè dei campioni che danno lo stesso risultato a chiunque li utilizzi

QUALI SONO QUESTE UNITÀ DI MISURA?

Le più conosciute e usate sono:

metro (m)
unità di misura della lunghezza

litro (L)
unità di misura della capacità

chilogrammo (kg)
unità di misura del peso/massa

Qual'è la differenza tra **contare** e **misurare**?

Contare significa numerare con numeri progressivi
Misurare significa determinare la misura di una grandezza

Nelle seguenti situazioni si **M**isura? o si **C**onta?

per sapere...	C	M
la lunghezza di una strada		
la profondità del mare		
l'ordine di arrivo in una gara		
la capacità di una bottiglia		
quanto tempo è passato		

per sapere...	C	M
il peso del tuo zaino		
il numero degli alunni		
l'età di una persona		
il numero del giorno		
l'altezza di una persona		

I MULTIPLI E SOTTO MULTIPLI DELLE
UNITÀ DI MISURA

Collega secondo logica questi oggetti all'unità di misura appropriata

g | Hg | Mg | Kg

Questi oggetti hanno un peso maggiore o minore di un chilogrammo?

☐ > 1 kg
☐ < 1 kg

☐ > 1 kg
☐ < 1 kg

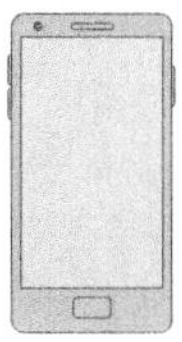

☐ > 1 kg
☐ < 1 kg

☐ > 1 kg
☐ < 1 kg

☐ > 1 kg
☐ < 1 kg

Questi oggetti hanno un peso maggiore o minore di un grammo?

☐ > 1 g
☐ < 1 g

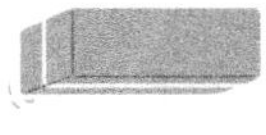

☐ > 1 g
☐ < 1 g

☐ > 1 g
☐ < 1 g

☐ > 1 g
☐ < 1 g

☐ > 1 g
☐ < 1 g

LE EQUIVALENZE

Inserisci nelle tabelle i dati mancanti

Peso

kg	hg	dag	g
7			
		500	
	40		
			8 000

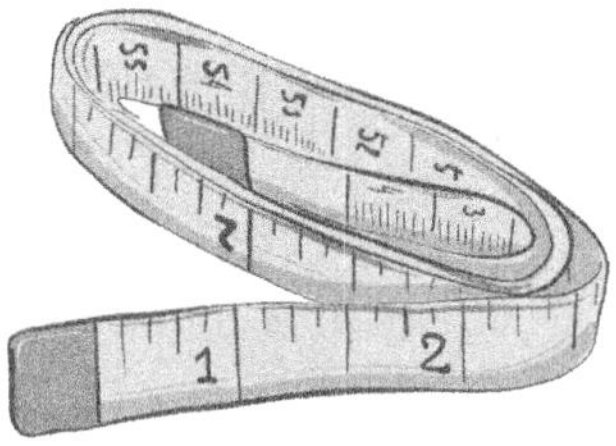

Lunghezza

	km	hm	dam	m	dm	cm	mm
7 km							
20 mm							
5,6 cm							
47 dm							
6,3 hm							

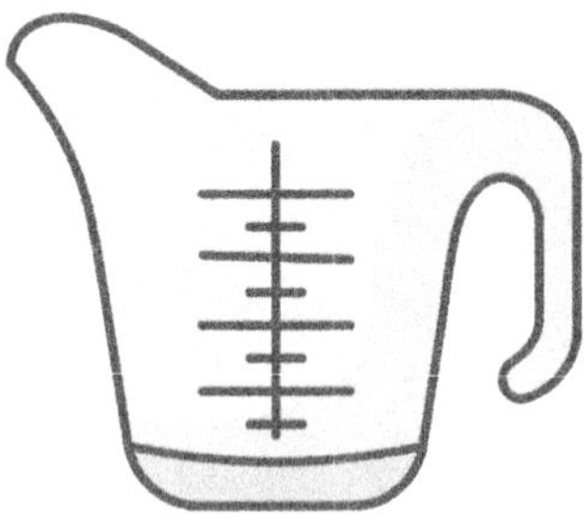

Capienza

	hl	dal	l	dl	cl	ml
2 l						
3,3 cl						
100 l						
500 ml						
0,7 dl						

TARA, PESO LORDO E PESO NETTO,

OSSERVA e prova a descrivere cosa vedi in questa illustrazione

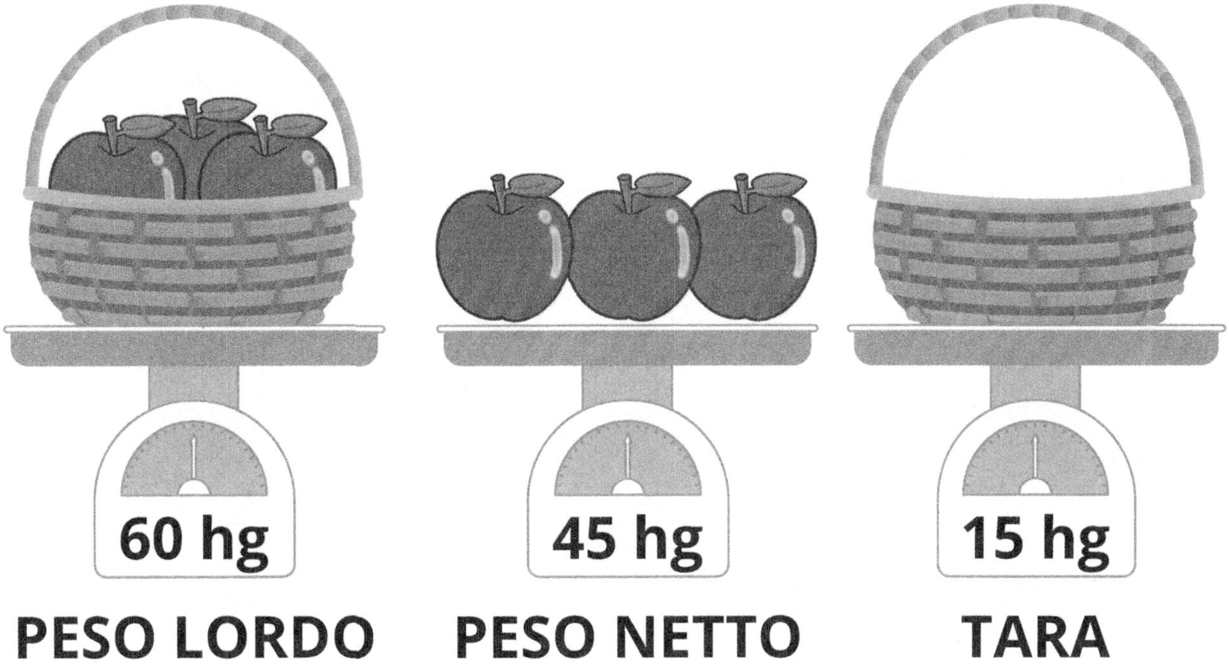

....

....

....

....

....

....

PESO LORDO – PESO NETTO – TARA

Inserisci i dati mancanti e l'unità di misura corretta

30........

100.........

....

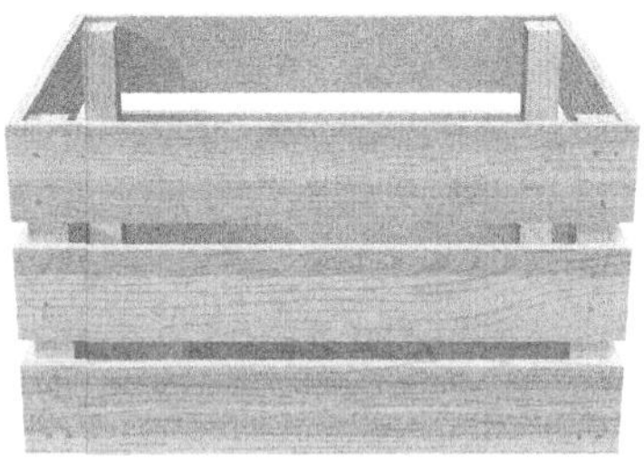

3.............

3,4..........

70.........

300.........

LE FRAZIONI

Luca, Mattia e Cristian vogliono dividere le loro costruzioni Lego in modo da avere tutti la stessa quantità.

OSSERVA E MEMORIZZA COME HANNO FATTO

Le costruzioni LEGO sono state frazionate.
Ogni parte è **un terzo**
cioè 1 parte su 3 e si scrive

così: $\frac{1}{3}$

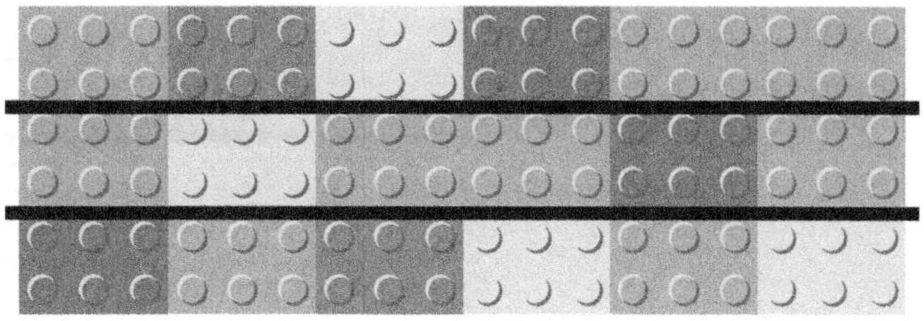

Osserva come sono stati frazionati questi disegni e colora l'unità frazionaria.

$\frac{1}{3}$

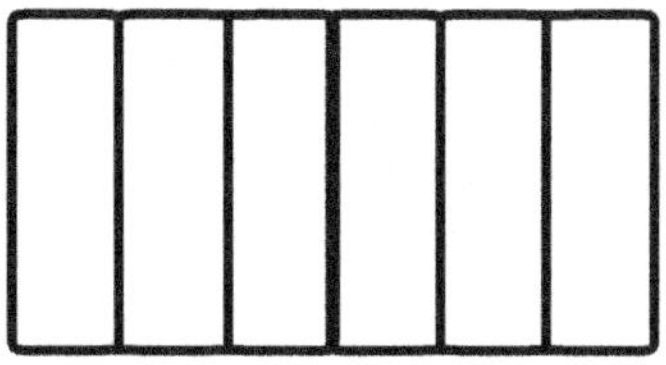

$\frac{1}{6}$

$\frac{1}{9}$

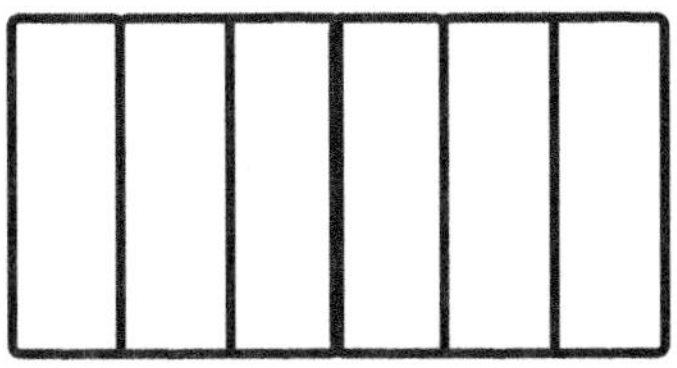

$\frac{2}{6}$

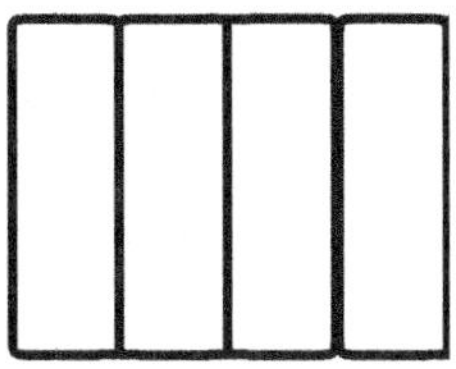

$\frac{2}{4}$

Inserisci la frazione corretta al posto dei puntini

Questa è una crostata intera

Sono state mangiate .... fette, cioè .... parti su ...., quindi la frazione è..........

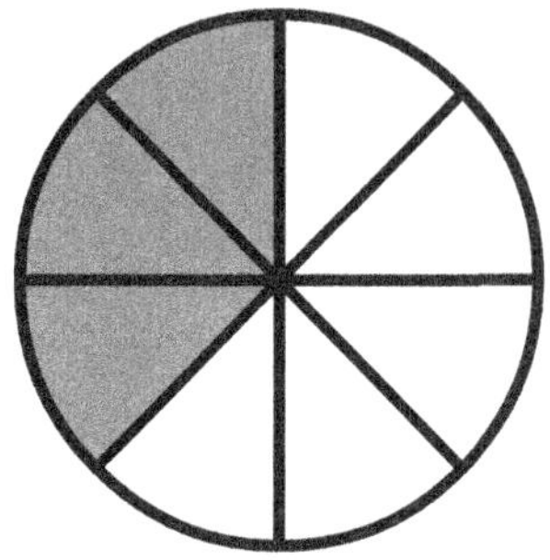

Sono avanzate....... cioè .... parti su ...., quindi la frazione è.......

Colora le parti frazionate

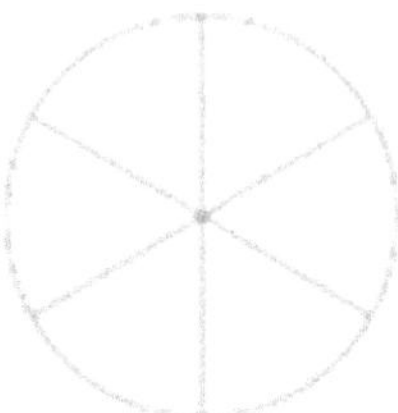

$\frac{4}{6}$

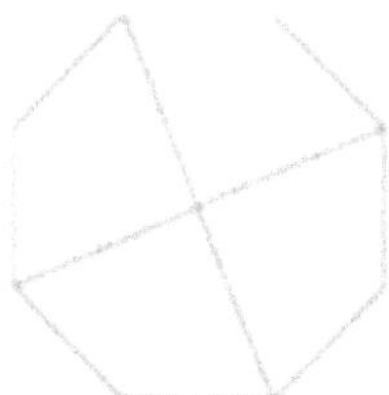

$\frac{1}{4}$

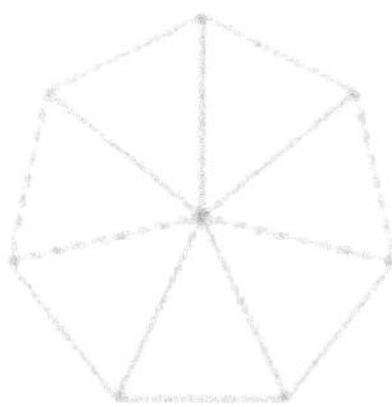

$\frac{2}{7}$

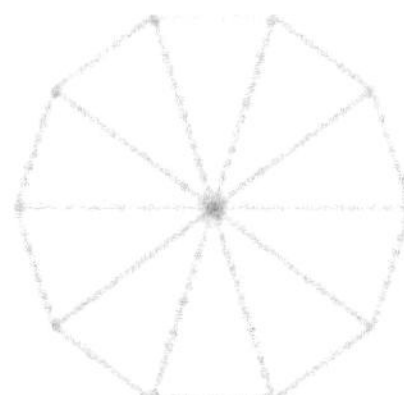

$\frac{7}{10}$

Scrivi la frazione corretta

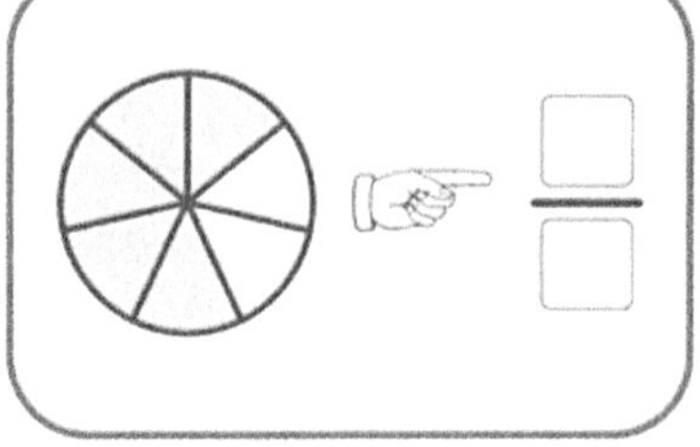

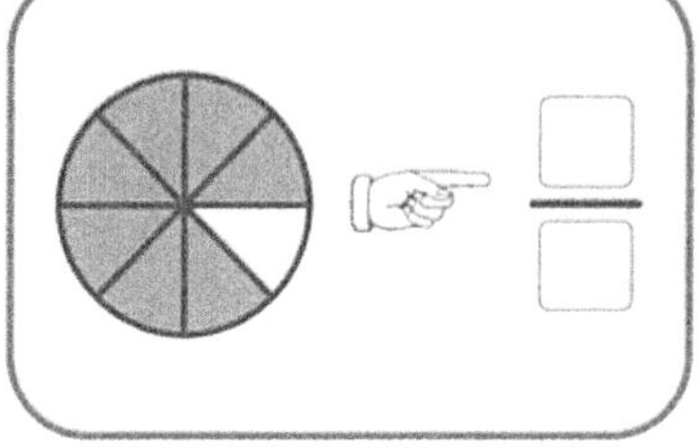

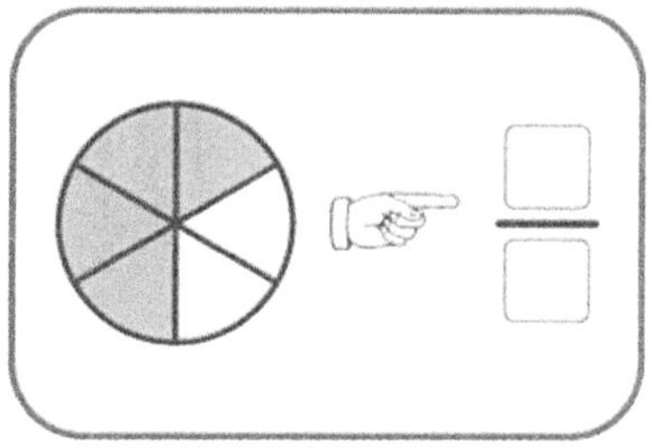

Cerchia la frazione corretta come da esempio

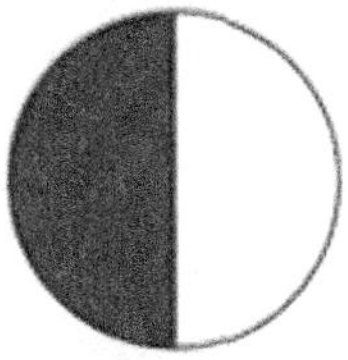 $\frac{3}{1}$ $\frac{2}{1}$ $\frac{1}{2}$ $\frac{3}{2}$ 

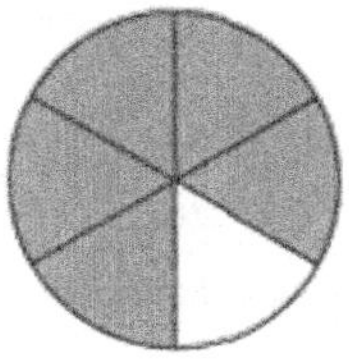 $\frac{3}{1}$ $\frac{6}{5}$ $\frac{6}{7}$ $\frac{5}{6}$

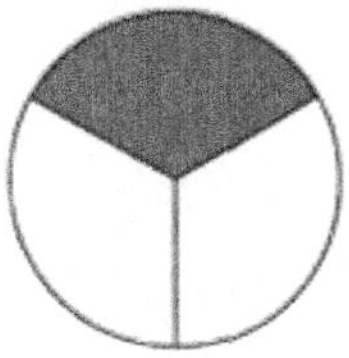 $\frac{1}{3}$ $\frac{3}{1}$ $\frac{2}{3}$ $\frac{4}{1}$

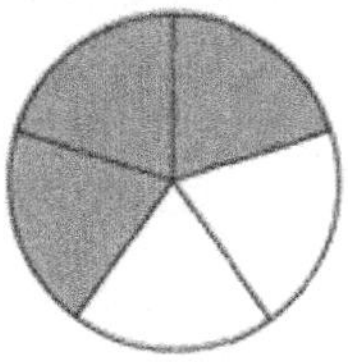 $\frac{4}{6}$ $\frac{5}{4}$ $\frac{3}{5}$ $\frac{5}{3}$

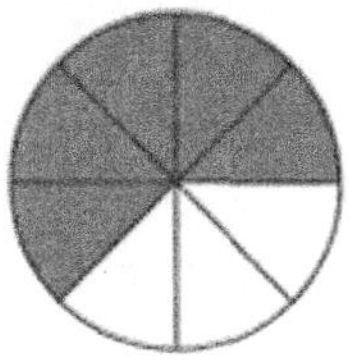 $\frac{6}{8}$ $\frac{5}{8}$ $\frac{8}{5}$ $\frac{5}{7}$

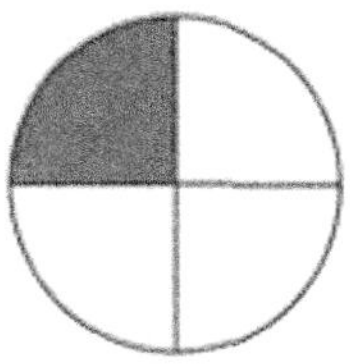 $\frac{4}{1}$ $\frac{1}{4}$ $\frac{1}{3}$ $\frac{3}{4}$

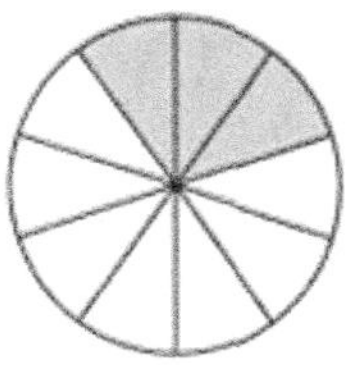 $\frac{4}{10}$ $\frac{5}{12}$ $\frac{3}{11}$ $\frac{3}{10}$

Risolvi questi calcoli

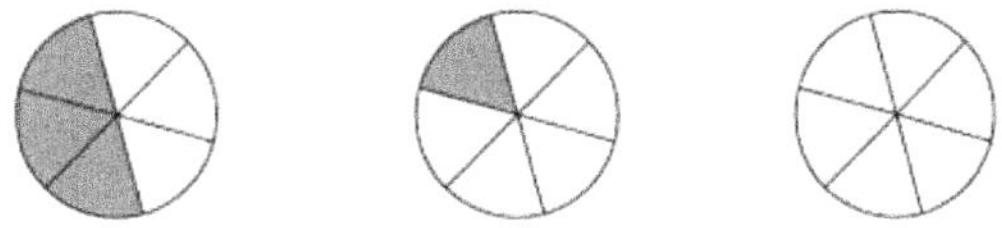

$\frac{3}{6} + \frac{1}{6} = $

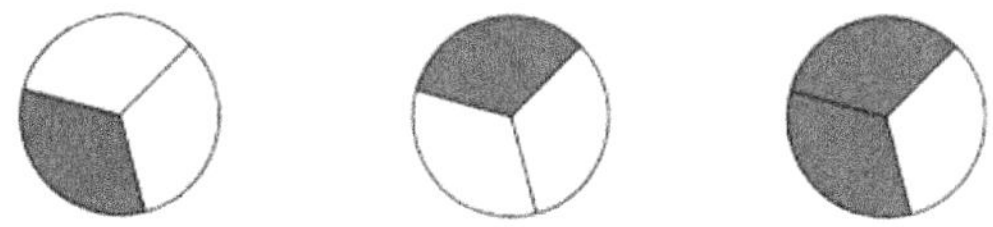

$\frac{1}{3} + \frac{1}{3} = \frac{2}{3}$

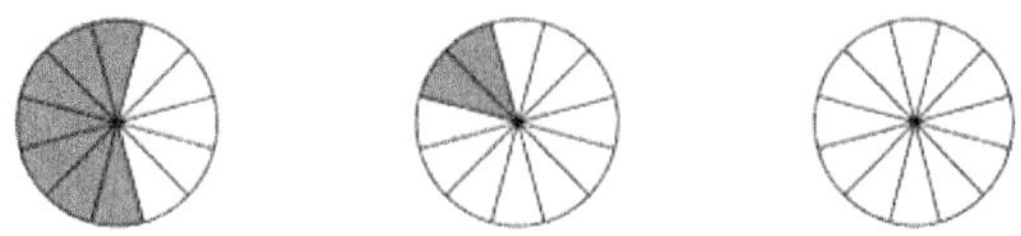

$\frac{7}{12} + \frac{2}{12} = $

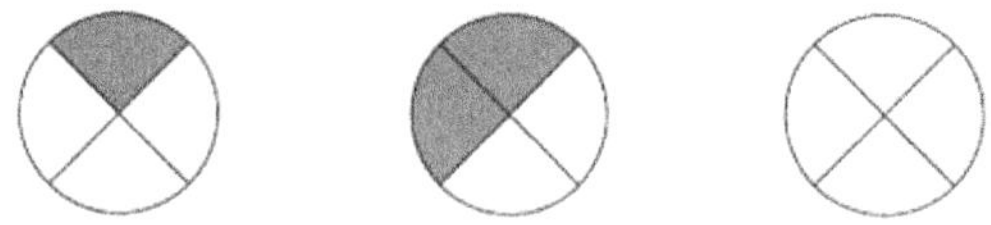

$\frac{1}{4} + \frac{2}{4} = $

Scrivi nei riquadri la frazione corretta e inserisci il simbolo **>, < e =** come da esempio

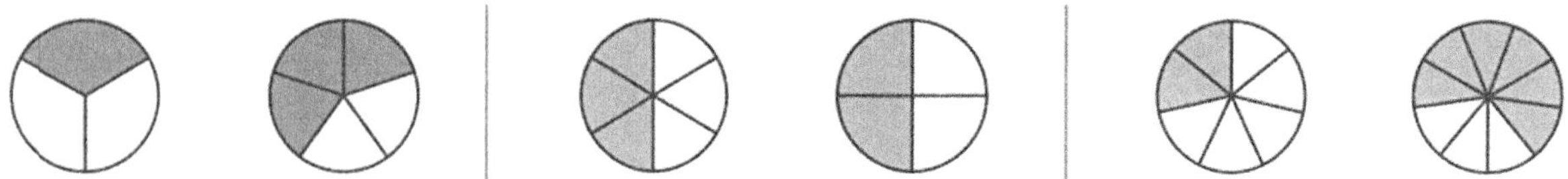

$\frac{1}{3} < \frac{3}{5}$

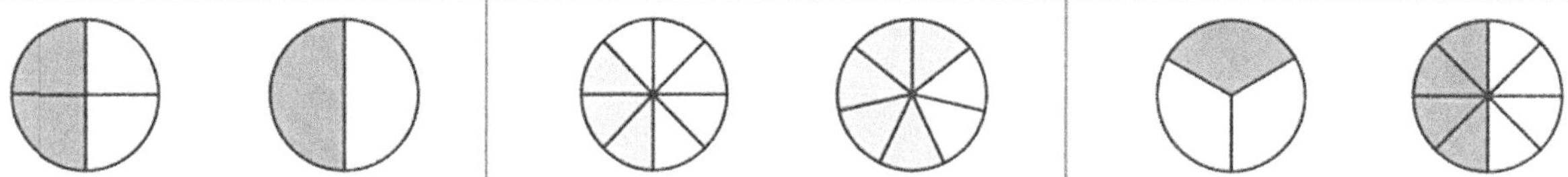

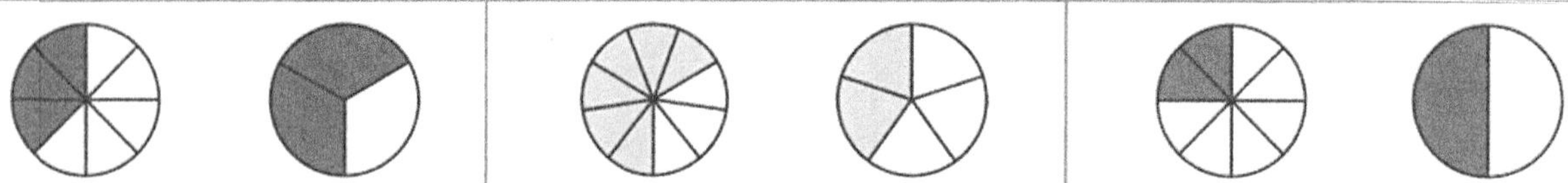

RISOLVI I PROBLEMI

Sviluppa i problemi sul quaderno

Se una scatoletta di tonno ha la tara di 40 g e il peso netto di 1,6 hg.
Qual è il peso lordo ?

Se una bottiglia vuota pesa 0,35 kg e piena di aceto pesa 1,60 kg.
Quanto pesa il solo aceto?

2 sacchi pieni di riso pesano complessivamente kg 807 e il solo riso kg 653.
Quanto pesa ciascun sacco vuoto?

RISOLVI I PROBLEMI

Sviluppa i problemi sul quaderno

Un camioncino carico di sabbia pesa 2000 kg, ma vuoto pesa solo 1260 kg. quanto pesa la sabbia caricata?

Il monopattino di Elisa pesa 11 kg, con lei a bordo arriva a pesare 50 kg. quanto pesa Elisa?

Nei mesi estivi, nonno Enzo, per innaffiare il giardino di casa consuma 46 L al giorno di acqua. Quanti litri consuma alla settimana?

RISOLVI I PROBLEMI

Sviluppa i problemi sul quaderno

Il papà di Gemma per portarla a scuola percorre tutti i giorni 17 km. Considerando che il Sabato e la Domenica Gemma non va a scuola Quanti Km percorre alla settimana?

Sa la pista di moto dove corre mio zio è lunga 13 Km e le gare si svolgono in 14 giri. Quanti Km totali si percorrono in una gara?

Mio papà dice che il rubinetto del bagno perde 0,5 ml al giorno di acqua. quanta acqua perdiamo alla settimana?

? ? ? ? ? ?

INSERISCI IN TABELLA IL MOLTIPLICANDO E IL MOLTIPLICATORE MANCANTI

×	7				
7	49	42	7	0	63
	35	30	5	0	45
	28	24	4	0	36
	63	54	9	0	81

×					
	72	40	16	0	64
	81	45	18	0	72
	9	5	2	0	8
	90	50	20	0	80

h	da	u	
	3	2	X
	1	6	=

h	da	u	
	4	8	X
	1	5	=

h	da	u	
	1	7	X
	1	4	=

h	da	u	
	2	6	X
	2	2	=

h	da	u	
	4	2	X
	1	9	=

h	da	u	
	3	5	X
	2	3	=

h	da	u	
1	3	2	X
		6	=

h	da	u	
2	4	8	X
		3	=

h	da	u	
1	1	7	X
		4	=

h	da	u	
2	2	6	X
		2	=

h	da	u	
1	4	2	X
		6	=

h	da	u	
1	2	5	X
		7	=

OSSERVA L'ESERCIZIO

DI QUALE PROPRIETÀ SI TRATTA?

....

11 + 67 + 18 =..

321 + 154 + 14 =..

377 + 83 + 245 =..

197 + 19 + 88 =..

645 + 236 + 128 =..

310 + 290 + 160 + 60 =..

311 + 179 + 47 + 317 =..

221 + 432 + 82 =..

39 + 33 + 445 =..

26 + 12 + 69 =..

388 + 172 + 128 =..

177 + 273 + 176 + 74 =..

499 + 146 + 38 + 113 =..

222 + 122 + 37 =..

137 + 97 + 440 =..

105 + 79 + 29 =..

4O5 + 102 + 189 =..

555+ 233 + 144 + 55 =..

LE MISURE DEL TEMPO

COMPLETA LE EQUIVALENZE SUL TEMPO

2 mesi = ... d

6 d = ... h

180 s = ... min

96 h = ... d

120 min = ... h

4 h = ... min

300 min = ... h

240 s = ... min

72 h = ... d

2 min = ... s

24 mesi = ... anni

5 mesi = ... d

10 min = ... s

36 mesi = ... anni

1200 s = ... min

180 min = ... h

1 anno = ... mesi

8 min = ... s

360 s = ... min

5 h = ... min

10 anni = ... mesi

5 mesi = ... d

60 mesi = ... anni

36 min = ... s

120 d = ... mesi

3 h = ... s

360 s = ... h

36 min = ... s

5 anni = ... d

7200 s = ... h

RIDUCI IN FORMA NORMALE LE SEGUENTI

MISURE DEL TEMPO

56 h 18 min 40 s	....
48 h 50 min	....
15 h 180 min	....
240 min 180 s	....
119 min 61 s	....
28 h 3 min 99 s	....
23 h 59 min 60 s	....
107 min 200 s	....
360 min 58 s	....
58 min 360 s	....
5 h 110 min 65 s	....
45 h 90 min 90 s	....
180 min 180 s	....
210 min 105 s	....
1 h 60 min 59 s	....

ESEGUI LE SEGUENTI ADDIZIONI E SOTTRAZIONI CON LE MISURE DEL TEMPO E SE NECESSARIO RIDUCI IL RISULTATO IN FORMA NORMALE

42 min 56 s + 11 min 35 s =

....

16 h 44 min 25s + 14 h 20 min 40 s =

....

7 h 34 min 35 s - 5 h 35 min 55 s =

....

24 h 45 s + 10 h 59 min 45 s =

....

LE FRAZIONI

COLORA LE PARTI DELLE FIGURE
CORRISPONDENTI ALLE FRAZIONI

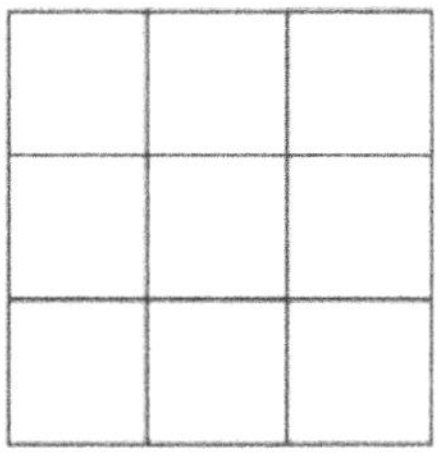

Colora $\frac{5}{9}$

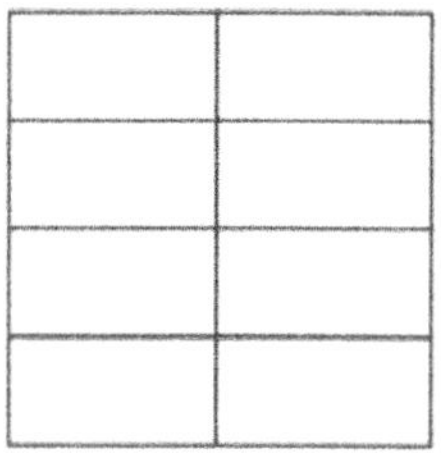

Colora $\frac{6}{8}$

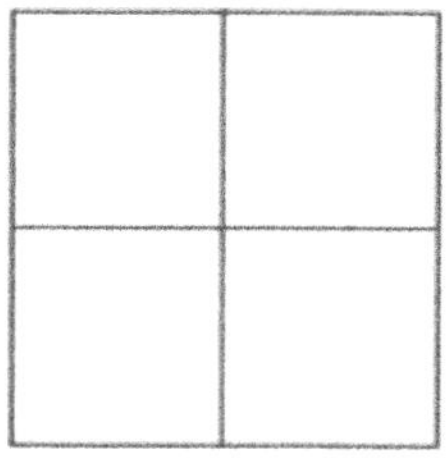

Colora $\frac{2}{4}$

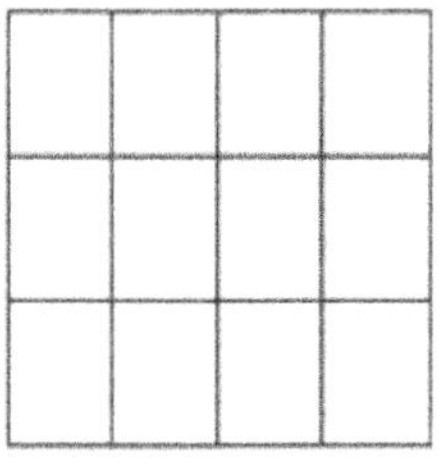

Colora $\frac{8}{12}$

Colora $\frac{1}{2}$

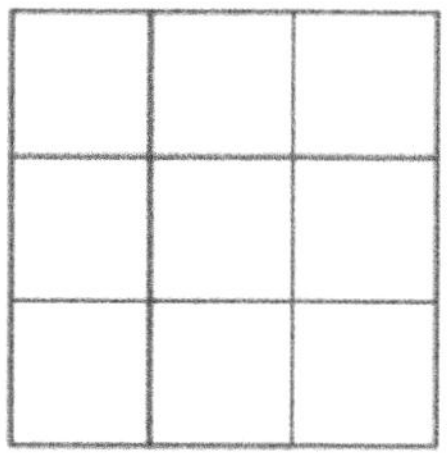

Colora $\frac{3}{9}$

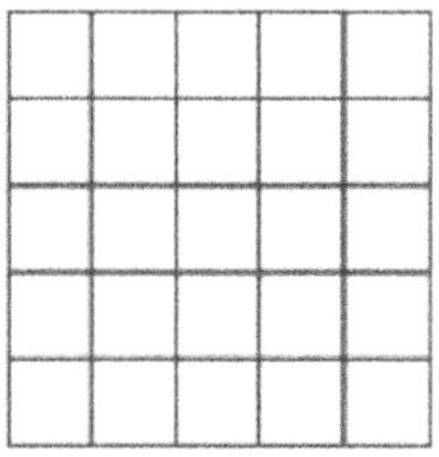

Colora $\frac{16}{25}$

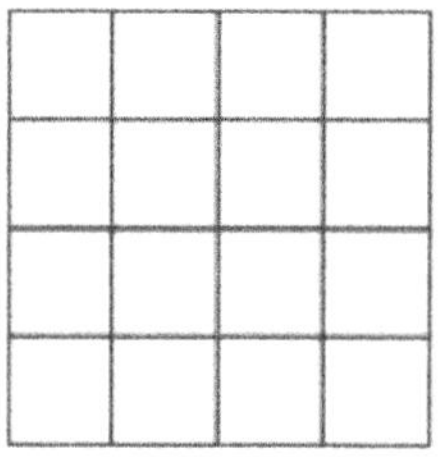

Colora $\frac{10}{16}$

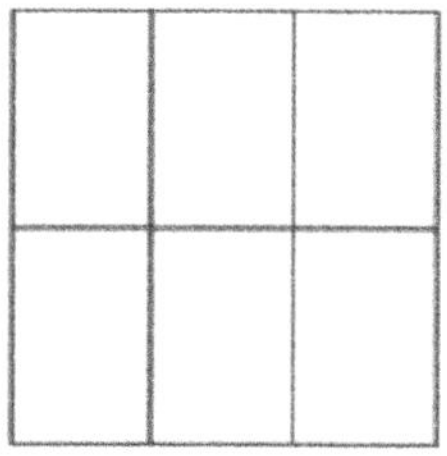

Colora $\frac{4}{6}$

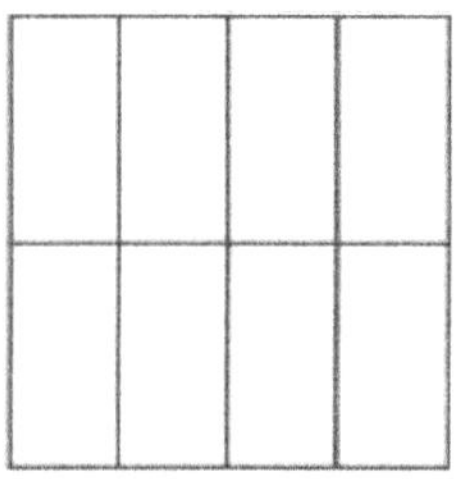

Colora $\frac{1}{8}$

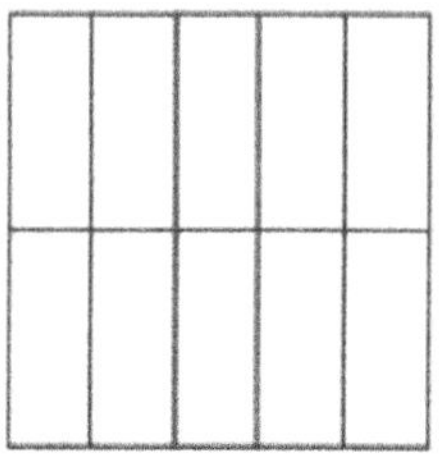

Colora $\frac{8}{10}$

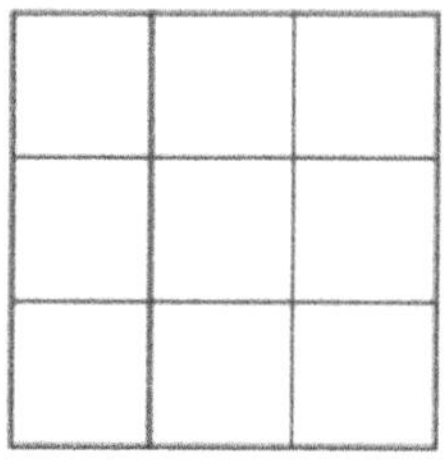

Colora $\frac{4}{9}$

DIVIDI LE SEGUENTI FIGURE IN 3 O 4 PARTI UGUALI POI COLORALE

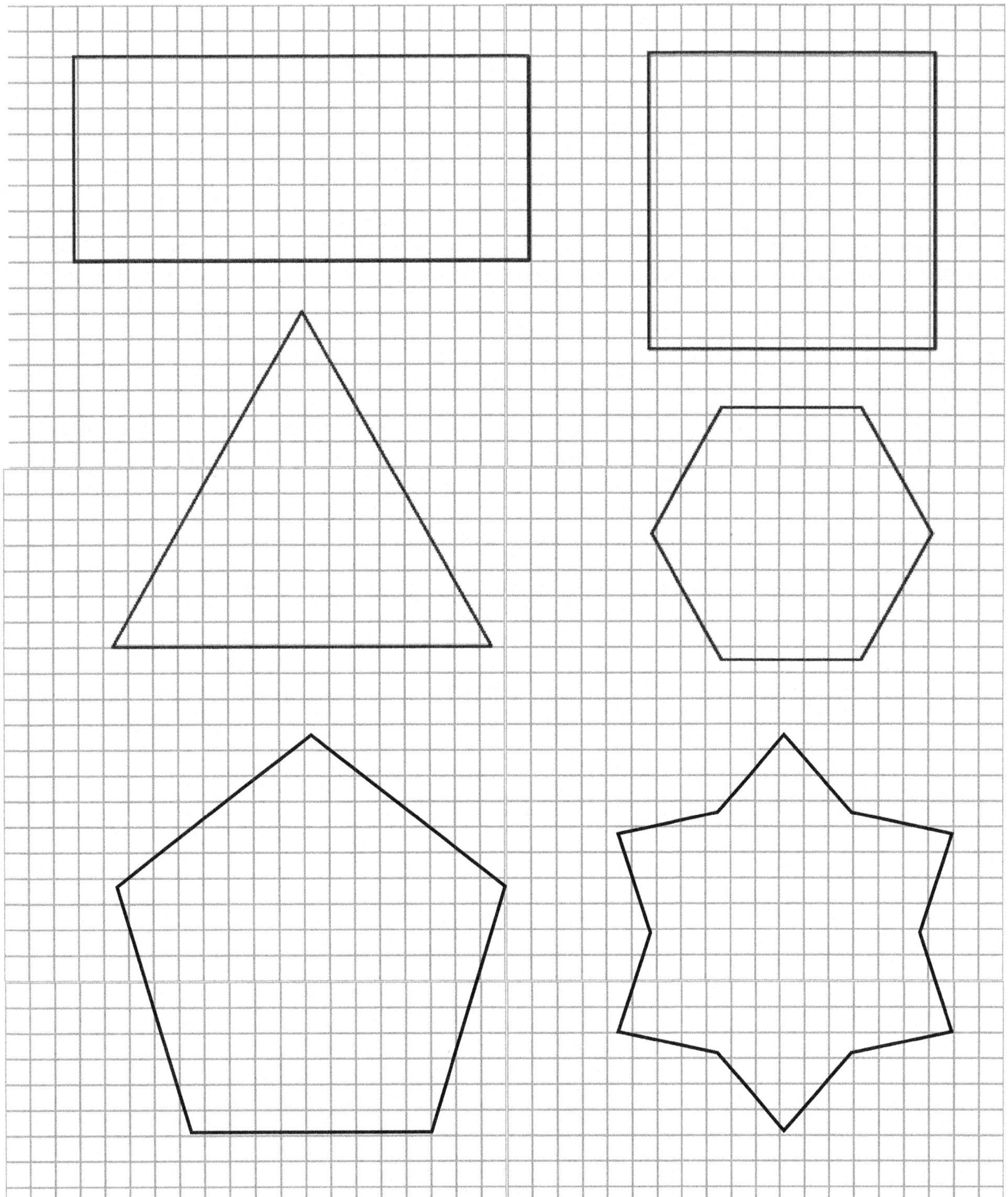

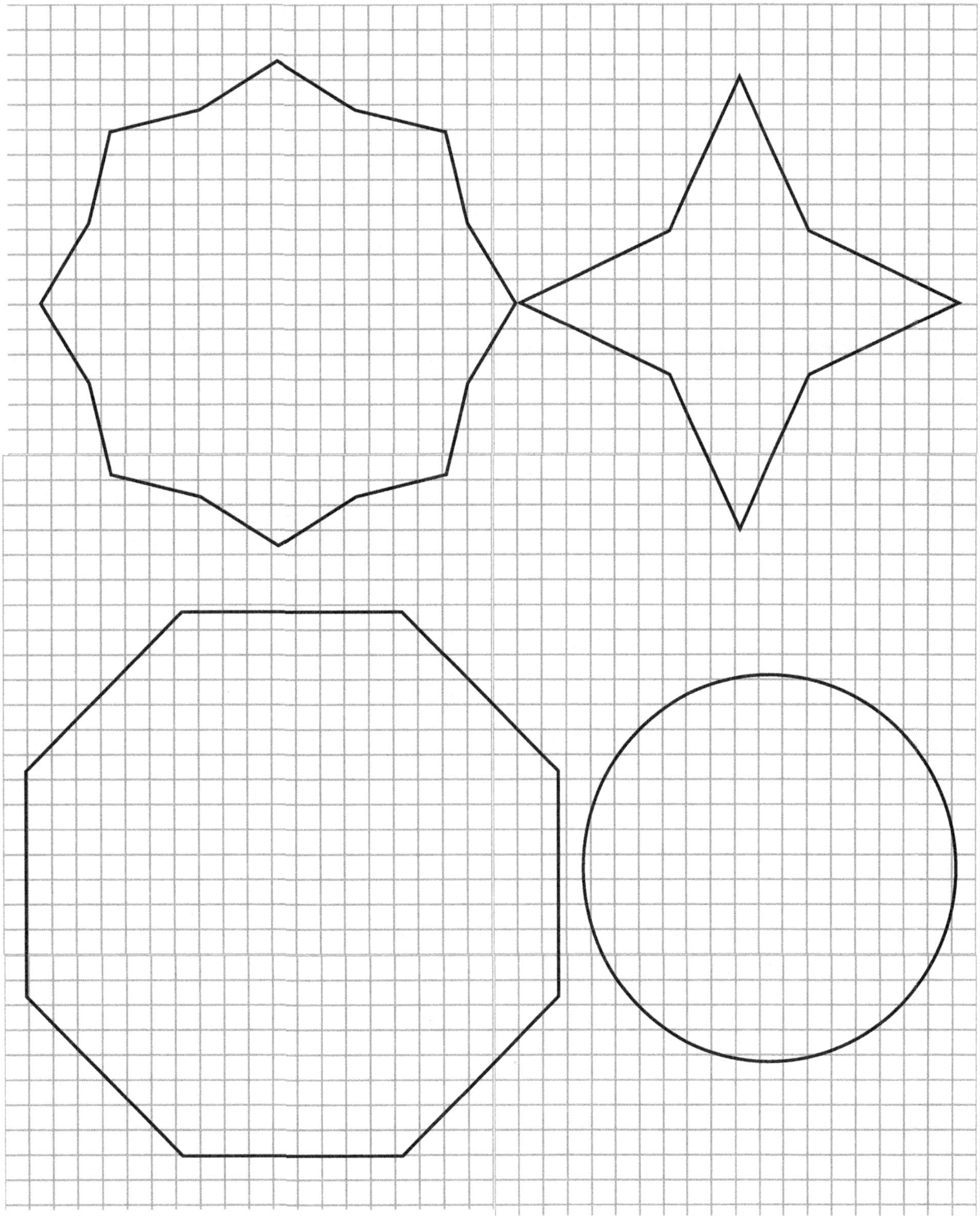

CALCOLA IL TOTALE

€ ....

€ ....

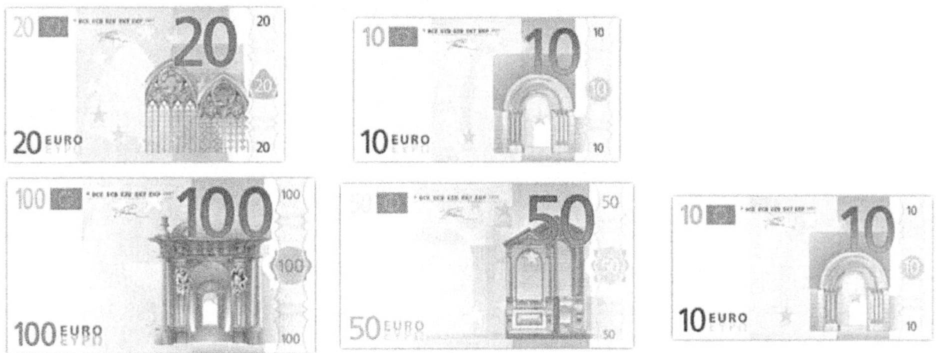

€ ....

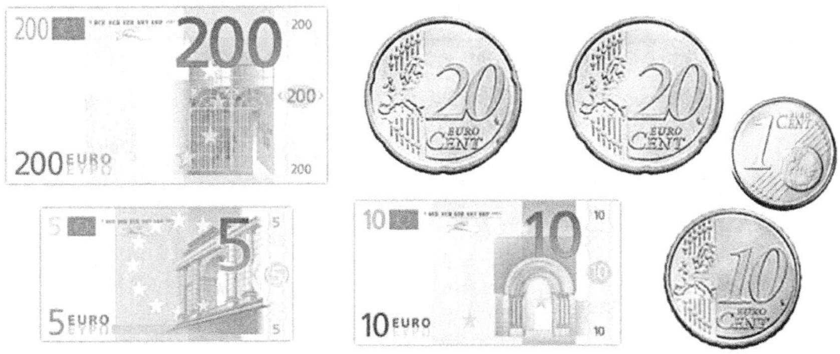

€ ....

GRAZIE PER AVER ACQUISTATO QUESTO LIBRO. TROVI IL PROSSIMO VOLUME PER CONTINUARE A FAR DIVERTIRE IL TUO BAMBINO CON LA MATEMATICA DIRETTAMENTE SU AMAZON.

SE IL LIBRO È STATO DI GRADIMENTO PER TE E SOPRATTUTTO PER IL TUO BAMBINO, TI CHIEDO DI SOSTENERMI LASCIANDOMI UNA RECENSIONE POSITIVA CON FOTO!

GRAZIE
MAESTRA STEFANIA

Printed by Amazon Italia Logistica S.r.l.
Torrazza Piemonte (TO), Italy

53229865R00051